Kim Kassandra Schmid

mit Bildern von Lea Androić

SHAKTI

Orakel der weiblichen Urkraft

Begleitbuch zu den 44 Karten

AF201608

Schirner Verlag

Der Inhalt dieses Kartensets ist sorgfältig erwogen und geprüft. Er bietet jedoch keinen Ersatz für kompetenten medizinischen Rat, sondern dient der Begleitung und der Anregung der Selbstheilungskräfte. Alle Angaben in diesem Kartenset erfolgen daher ohne Gewährleistung oder Garantie seitens der Autorin oder des Verlages. Eine Haftung der Autorin bzw. des Verlages und seiner Beauftragten für Personen-, Sach- und Vermögensschäden ist ausgeschlossen.

Wir verzichten auf das Einschweißen unserer Kartensets – **UNSERER UMWELT ZULIEBE!**

ISBN 978-3-8434-9217-1

Kim Kassandra Schmid & Lea Androić
Shakti
Orakel der weiblichen Urkraft

© 2023 Schirner Verlag GmbH & Co. KG,
Birkenweg 14a, 64295 Darmstadt
E-Mail: gpsr@schirner.com

3. Auflage Februar 2026

Box, Karten & Begleitbuch: Hülya Sözer, Schirner,
unter Verwendung von Illustrationen von Lea Androić
Illustrationen: © Lea Androić
Lektorat: Noémi Fekete, Schirner
Druckproduktion: Ren Medien GmbH, Filderstadt
Printed in Czech Republic

www.schirner.com

Alle Rechte vorbehalten
Reproduktion jeglicher Teile nur mit ausdrücklicher Genehmigung des Verlages

Für meine Mama Astrid Rosina
und meine Tochter Maya Rosina

INHALT

MANTRA

Adi Shakti Adi Shakti Adi Shakti Namo Namo.
Ich verbeuge mich vor der ursprünglichen, weiblichen Energie.

Sereb Shakti Sereb Shakti Sereb Shakti Namo Namo.
Ich verbeuge mich vor der allumfassenden, universellen Energie.

Pritam Bhagwati Pritam Bhagwati Pritam Bhagwati Namo Namo.
Ich verbeuge mich vor der schöpferischen Kraft, durch die Gott kreiert.

Kundalini Mata Shakti Mata Shakti Namo Namo.
Ich verbeuge mich vor der Kraft der ursprünglichen, kreativen Energie.

GEBET

Ehre sei dir, SHAKTI.
Du bist das Ewig-Weibliche,
das Göttliche in all seinen Formen.
Du bist die Säule im Tempel meines
Lebens. Du trägst und hältst mich.
Du bist Mutter, Schwester, Tochter,
Geliebte, Göttin, Kriegerin und Liebende.
Was wäre mein Leben ohne dich?
Danke für dein Sein.

VORWORT

Nach dem Tod meiner Mutter und besten Freundin im Jahr 2012 fiel ich mit 25 Jahren in eine tiefe Depression. Erst trauerte ich, fühlte mich verloren und verlassen, dann wurde ich zornig und wütend und empfand mich als vom Leben selbst um jeden Tag betrogen, den ich mit meiner geliebten Mutter noch hätte verbringen können. Ich übersetzte diese Wut in einen blinden Aktionismus und nährte meine männliche Kraft, meine Yang-Energie, um meine Gefühle zu verdrängen. Ich unterdrückte jegliche Yin-Energie, die weibliche Kraft, in mir. Das fiel mir nicht schwer, denn ich hatte das Gefühl, dass zusammen mit meiner Mutter jegliche Sanftmut in mir gestorben war.

Ich praktizierte körperbetontes Yoga und powerte mich Tag für Tag mit Kraftsport und Pilates aus. Dabei ließ ich keine physische Aktivität aus. Mental beschäftigte ich mich zunächst unentwegt mit meiner Bachelorarbeit und dann mit meiner Masterarbeit in Kunstgeschichte und Geschichte. Täglich fühlte ich mich verlorener und haltloser. Ich gönnte mir keine Ruhe, bis ich gesundheitlich an meine Grenzen stieß und sich zahlreiche körperliche und mentale Gebrechen bemerkbar machten. Als ich am Tiefpunkt angelangt war, traten die Göttinnen in mein Leben.

Ich erinnerte mich plötzlich an die Geschichten, die meine Mutter mir erzählt hatte, als ich eine Teenagerin war und den ersten Liebeskummer hatte. Damals dachte ich, es gäbe nichts Schlimmeres auf dieser Welt als diesen Herzschmerz. Meine Mutter nahm mich in die Arme, tröstete mich und erzählte mir von Lilith, deren Selbstermächtigung und weiblicher Kraft. Sie weihte mich ein in die Geschichte der geheimnisvollen Maria Magdalena und deren Fähigkeit, an das Gute zu glauben, radikales Mitgefühl zu empfinden und zu vertrauen. Und sie teilte ihr Wissen über Frida mit mir – die rebellische Frau, die trotz lebensfeindlicher Umstände Großes vollbracht hatte. Die Erinnerung an die Geschichten meiner Mutter küsste die Göttinnen in mir wach.

Maria Magdalena zeigte sich mir zuerst. Sie erschien in meiner täglichen Meditation. Ich las über sie, studierte ihr Leben und suchte Plätze auf, an denen ihre Energie deutlich spürbar war. Meine Reisen führten mich an besondere Kraftorte in England und Frankreich. In Klangmeditationen verband ich mich mit Maria Magdalena und heilte mein verletztes Yin durch eine sanfte Yogapraxis. Ich begann, dem Leben zu verzeihen, vor allem mir selbst Dinge zu vergeben, von denen ich glaubte, ich hätte sie besser machen müssen. Maria Magdalena unterstütze mich dabei, meine Verletzungen zu fühlen, sie in mein Sein zu integrieren und zu heilen. Bis heute glaube ich daran, dass sie mich aus einem tiefen Tal geführt und mir wieder Vertrauen in das Leben geschenkt hat.

Nach und nach erwachten die weiblichen Energien in mir, und die Quelle meiner Schöpferinnenkraft begann, zu sprudeln. Ich fand den Zugang zu meiner Sanftmut, meiner Hingabe und meiner Kreativität wieder. Immer klarer erinnerte ich mich an die Lehren meiner Mutter, an ihr Wissen über Heilsteine, das sie mit mir geteilt, die Mythen und Legenden, von denen sie mir erzählt hatte, und an die Magie. Shakti entfaltete sich in all ihrer Vielfalt, erinnerte mich an meine Seelenvisionen und an mein Potenzial. Sie durchströmte mich und hüllte mich ein. Ich fühlte mich geborgen und sicher.

Ich weiß, wie es ist, in der Dunkelheit und Hoffnungslosigkeit verloren zu sein, sich wertlos und verlassen zu fühlen. Und ich weiß, wie es ist, aufgefangen und zum Licht geführt zu werden. Deswegen ist dieses Orakelkartenset für all jene, die Trost und Energie brauchen und sich wieder an ihre ursprüngliche Kraft erinnern möchten.

Diese Orakelkarten unterstützen dich dabei, deine angeborene Shakti – deine göttlich-weibliche Kraft – wiederzubeleben, damit du heilen, wachsen und ohne Kompromisse du selbst sein kannst. Mögest du dich an deine unendliche Schönheit, deine ursprüngliche Kraft und dein unerschöpfliches, lichtvolles Potenzial erinnern, wenn du diese Karten in deinen Händen hältst! Möge die große Göttin in dir erwachen und

Balance in dein Leben bringen – und somit in die ganze Welt! Denn alles beginnt in dir. Wenn du dich selbst innerlich heilst, verwandelt sich auch die Welt in einen lichtvollen Ort voller Mitgefühl, Liebe und Verbundenheit. Dieses Orakelkartenset darf dich nun täglich an die wundervolle, unerschöpfliche Kraft in dir erinnern. Mögen dir die Impulse im Begleitbuch Erkenntnis, Kreativität und Inspiration schenken, sodass du das Leben deiner Träume erschaffen kannst!

Von Herz zu Herz und in inniger Verbundenheit

deine *Kim Kassandra*

ÜBER SHAKTI

Shakti – so bezeichnen die Hindus die schöpferische, dynamische und allem zugrunde liegende weibliche Urkraft. Shakti ist die große Muttergöttin, die Quelle, der alles Leben entspringt, das universelle Prinzip von Energie, Macht und Kreativität. Sie ist die dynamische Kraft, durch die die Erde sich dreht, die Flüsse fließen und die Schmetterlinge fliegen, die Sterne funkeln und der Mond leuchtet. Shakti ist die Energie hinter jedem Atemzug. Sie durchdringt Zeit und Raum und zeigt sich jederzeit in unterschiedlichen, schillernden Farben und Facetten. Sie ist der Ursprung allen Seins und die Summe aller anderen Göttinnen. Diese kraftvolle, dynamische Urkraft findet sich in uns allen.

Ihr Gegenpol ist Shiva, die männliche Kraft: das höchste geistige Prinzip und reines Bewusstsein, jedoch passiv und statisch. Ohne Shiva ist Shakti unkontrollierbare, wilde Energie. Die eine Kraft bedingt also die andere, die eine kann ohne die andere nicht sein. Ohne Shiva kein Kosmos, ohne Shakti kein Kosmos. Das Universum kann nur in Balance sein, wenn das Zusammenspiel zwischen Shakti und Shiva im Einklang ist.

Der weibliche Anteil wird oft auch als Kundalini Shakti bezeichnet. Wenn die Kundalini im ersten Chakra, dem Wurzelchakra, erwacht, kann sie bis in das siebte Chakra, das Kronenchakra, aufsteigen. An dieser Stelle befindet sich der Sitz Shivas. Dort vereinigen sich beide

Kräfte – und wir erfahren Gottesbewusstsein, Erwachen und Erleuchtung. Wir empfinden dann Urvertrauen sowie eine tiefe Verbundenheit mit allem und nehmen uns als eins mit dem Göttlichen wahr. Das ist eine zutiefst spirituelle Erfahrung.

Für mich ist das Verständnis von Shakti nicht an eine Religion oder an ein bestimmtes Geschlecht gebunden. Shakti zeigt sich in jeder Frau, in jedem Mann, in jedem Wesen. Sich bewusst mit der Shakti-Energie zu verbinden, ist gleichbedeutend mit dem Wunsch nach kreativem Ausdruck und purer Lebenslust.

Die drei Pfeiler von Shakti

Den tantrischen Lehren zufolge manifestiert sich die göttliche Mutter durch drei Grundkräfte in jedem Menschen. Diese drei Shaktis werden auch als »drei Pfeiler« bezeichnet und bestehen aus den Urkräften unseres Wissens (Jnana), unseres Willens (Iccha) und unseres Handelns (Kriya). Gemeinsam sind sie für den schöpferischen Prozess zuständig, der darin besteht, die tiefste Sehnsucht unserer Seele und unsere Herzenswünsche, unsere Seelenvision in der Welt zu manifestieren. Die drei Shaktis sind wichtig für jede Art von Erfolg.

Jnana Shakti ist die Kraft der Erkenntnis, des Verstandes, der Weisheit und der Intuition.

Iccha Shakti ist die Kraft des Willens und der Absicht.

Kriya Shakti ist die Kraft des Tuns, der Kreativität und der Inspiration.

Jnana Shakti

Jnana Shakti schenkt uns Klarheit und dient somit der Lösung von Problemen. Denn wir benötigen Erkenntnis, aber auch Weisheit, Wissen und Intuition, damit wir die höhere Wahrheit erkennen und nach dieser handeln können. Durch Meditation, Journaling-Übungen, Kartenlegen und das Lesen von inspirierenden Texten gewinnen wir Abstand zu den Herausforderungen und Ablenkungen des Alltags und schaffen Raum für neue Einsichten. Laut der Samkhya-Philosophie, die eines der ältesten Philosophiesysteme Indiens ist und sich dem reinen Bewusstsein und der Seele widmet, führen drei Schritte zur Erkenntnis: Wir lernen etwas von unserem weisen Lehrer, meditieren darüber oder studieren Schriften dazu und gelangen so zu eigenen Schlussfolgerungen und Erfahrungen. Externes Wissen wird auf diese Weise integriert und in inneres, gelebtes Wissen verwandelt. Frage dich: »Welches neue Wissen, welche neuen Erkenntnisse bringen mich jetzt weiter? Wie können diese dem höchsten Wohl aller dienen?«

Iccha Shakti

Aus dem Erkennen und Verstehen (Jnana) entsteht der Wunsch. Iccha Shakti ist die Kraft, die hinter unseren Sehnsüchten verborgen ist, die Macht des Willens und des Wollens. Sie sorgt dafür, dass wir für unsere Wünsche und Leidenschaften brennen. Iccha Shakti ist kristalline Klarheit sowie unaufhaltbare Entschlossenheit und hilft uns dabei, Hindernisse zu überwinden, die uns davon abhalten, unsere Seelenvision zu verwirklichen (z.B. Selbstzweifel, Ängste oder Mutlosigkeit). Frage dich: »Welche tiefe Sehnsucht spüre ich in mir? Was möchte durch mich in diese Welt geboren werden?«

Kriya Shakti

Kriya Shakti animiert uns dazu, unsere Wünsche aktiv umzusetzen. Hierfür brauchen wir Energie (Prana). Diese Energie können wir durch körperliche Betätigung aktivieren (z.B. durch Yoga oder Atemübungen). Durch Bewegung schaffen wir Raum für neue Impulse und Kreativität. Wir kommen endlich ins Tun. Frage dich: »Welche Schritte sind jetzt notwendig, um mein Ziel zu erreichen?«

Alle drei Kräfte sind auf ihre Weise Schöpfungskräfte der göttlichen Mutter. Wenn du lernst, diese Energien zu identifizieren, mit ihnen zu arbeiten und sie zu stärken, wirst du spirituelles Wachstum und mehr Freude im Leben erfahren. Nimm dir regelmäßig etwas Zeit dafür, dich bewusst mit den drei Shaktis zu verbinden, und diese mächtige Triade wird dich kontinuierlich dabei unterstützen, deine Ziele zu erreichen und deine Träume zu verwirklichen. Übe dafür Tätigkeiten aus, die zu den jeweiligen Shaktis passen: Um dich mit Jnana Shakti zu verbinden, eigne dir neues Wissen an. Verbinde dich mit Iccha Shakti, indem du dich fragst: »Was will ich wirklich?« Achte auf deine Wünsche und auf deine Träume. Sie weisen dir den Weg. Willst du dich mit Kriya Shakti verbinden, kannst du neben Yoga und Atemübungen auch Thai Chi oder andere körperliche Übungen praktizieren.

DAS SHAKTI-ORAKEL

Das Shakti-Orakel beinhaltet 44 Impulse, Göttinnen, Rebellinnen, Liebende, Kriegerinnen, weibliche Fabelwesen, heilige Unruhestifterinnen, Künstlerinnen und historische Persönlichkeiten. Sie alle haben einen positiven, transformativen Einfluss auf dein Leben, denn durch sie fließt pure, vibrierende Shakti-Energie. Jede von ihnen kann dir eine Begleiterin in eine neue, gelebte heilige Weiblichkeit sein. Im Begleitbuch findest du Techniken, mit denen du den jeweiligen Aspekt der Shakti-Energie in dir erwecken kannst.

Ich lade dich ein, die vielseitigen Facetten der göttlichen Weiblichkeit in dir zu erforschen: Reinheit, Zartheit, Weisheit, Wildheit, Transformation, Selbstliebe oder Selbstvertrauen. All diese Aspekte gehören zu dir. Erlaube dir, kreativ zu sein wie Frida, verführerisch wie Aphrodite, wunderschön wie Lakshmi, mutig wie Kali, treu und loyal wie Hera oder düster und mystisch wie die mexikanische Göttin des Todes La Santa Muerte! Möge Shakti dich begleiten und dir Lebendigkeit, Kraft, Hingabe und Kreativität verleihen. Möge sie dir den Mut schenken, deine Schattenseiten zu integrieren, und möge sie dir die Liebe zuteil werden lassen, die du brauchst, um alte Wunden zu heilen! Mögest du gemeinsam mit Shakti dein Leben in den schönsten Farben gestalten!

Umgang mit den Karten

Behandle deine Karten immer mit Liebe und Respekt. Dazu gehört auch, sie willkommen zu heißen und sie regelmäßig zu reinigen.

Vorbereitung

Nimm dir die Zeit, dich mit deinen Karten vertraut zu machen. Bereite sie auf die Arbeit mit dir vor, indem du sie reinigst und sie mit deiner einzigartigen Energie begrüßt. Lege sie dafür z. B. in eine Klangschale, und bringe diese zum schwingen, verräuchere Räucherwerk deiner Wahl und bewege den Kartenstapel durch den Rauch, oder halte die Karten vor dein Herz mit der Intention, sie zu reinigen. Mische dann die Karten, halte sie vor dein Herz, und sprich folgende Worte:
»Große Shakti, danke für deine Weisheit und Führung. Zeige mir die Wahrheit mit Integrität und Liebe. Ich bin empfänglich und dankbar für deine wertvollen Botschaften.«

Reinigung und Aufbewahrung

Reinige deine Karten regelmäßig, z. B., indem du Palo Santo verräucherst und dein Kartendeck dabei ganz intuitiv durch den sanften Rauch bewegst. Wenn du die Karten gerade nicht verwendest, kannst du einen Selenit auf dem Deck platzieren, um ihre Energie während der Aufbewahrung rein zu halten.

Verwendung der Karten

Die Shakti-Energie wird durch dieses Kartenset auf vielfältige Weise mit dir in Kontakt treten. Im Folgenden möchte ich einige Ideen mit dir teilen, wie du mit den Karten arbeiten kannst. Sei dir dabei stets bewusst: Es gibt kein Richtig oder Falsch. Sei intuitiv, aufmerksam und liebevoll, und du findest immer genau den richtigen Zugang.
Wenn möglich, nimm dir vor jeder Kartenlegung die Zeit, einen heiligen Raum zu kreieren, in dem sich deine Seele wohl- und willkommen fühlt. Wenn du ein Reading für dich oder jemand anderen planst, kannst du den Raum dafür z. B. mit Palo Santo ausräuchern.

Shakti Sadhana

Du kannst dich bewusst für eine Shakti-Energie entscheiden ihr eine ganze Woche oder sogar einen Monat deiner spirituellen Praxis widmen. Breite dafür die Karten vor dir aus, und wähle diejenige aus, deren Energie dich gerade besonders anspricht. Alternativ kannst du auch durch das Begleitbuch blättern und dich für eine Shakti entscheiden, deren Thema gerade gut zu deiner Situation passt. Platziere dann die Karte auf deinem Altar oder einem Tisch, dekoriere ihn mit den Elementen der jeweiligen Göttin, und verbinde dich mit ihrer Energie. Du kannst auch eine Kerze entzünden, den empfohlenen Heilstein dazulegen oder bei dir tragen und das

entsprechende ätherische Öl anwenden, während du die Fragen der Göttin in dir bewegst, indem du diese in Gedanken wiederholst. Natürlich kannst du auch jederzeit andere, für dich stimmige Heilsteine und ätherische Öle aussuchen. Sei dabei spielerisch und neugierig!
Befasse dich täglich mit den Journaling-Übungen. Dadurch kannst du dich besonders intensiv mit der jeweiligen Shakti-Energie verbinden und sie in dir stärken. Wenn du noch kein Journal hast, lege dir dafür ein Buch mit leeren Seiten zu.

Impulskarte

Bevor du eine Impulskarte ziehst, darfst du dich, wenn du möchtest, mit einer Frage verbinden. Bei welchem Thema oder Projekt soll dich die Shakti-Energie unterstützen? Die Frage kann z. B. lauten:
»Was brauche ich, um das Leben meiner Träume zu führen?«,
»Welche Energie hilft mir dabei, die Beziehung zu meiner Tochter/meinem Mann/meiner Freundin liebevoller zu gestalten?«,
oder: »Was brauche ich jetzt für mehr Klarheit in meinem Leben?«
Stelle deine Frage laut oder in Gedanken, während du die Karten mischst.
Du kannst auch ohne Frage starten und ganz den Shaktis überlassen, welchen Impuls sie dir schenken möch-

ten. Ziehe intuitiv eine Karte, und verbinde dich für die nächsten 24 Stunden mit der Energie der jeweiligen Shakti. Die Karte gibt dir Inspiration und Führung. Du entscheidest, wie intensiv du dich mit der Energie beschäftigen möchtest. Lasse dich von den Farben und der Botschaft der Karte inspirieren oder widme dich den Journaling-Fragen, und notiere deine Eingebungen.

Drei-Karten-Legung

Die Drei-Karten-Legung bietet sich besonders bei bereits bekannten Herausforderungen an. Das können z. B. Themen sein, die Beziehungen betreffen, oder auch tief liegende Ängste. Mische zunächst den Kartenstapel. Denke an deine Herausforderung, und ziehe dabei die erste Karte. Stelle dir dann in Gedanken die Frage: »Was ist die Medizin für diese Herausforderung?«, und ziehe die zweite Karte. Während du die dritte Karte ziehst, frage dich: »Was bringt mir die Zukunft, wenn ich die Medizin konsequent anwende?« Lege alle drei Karten in folgender Reihenfolge von links nach rechts aus:

1) Die Herausforderung (Vergangenheit)
2) Die Medizin (Gegenwart)
3) Das Ergebnis (Zukunft)

1) Die Herausforderung (Vergangenheit)

2) Die Medizin (Gegenwart)

3) Das Ergebnis (Zukunft)

Die erste Karte zeigt dir, was dich gerade herausfordert oder blockiert. Wenn hier z. B. Kali erscheint, kann das bedeuten, dass dich alte Glaubenssätze daran hindern, deinen spirituellen Weg fortzusetzen. Die zweite Karte steht für die Medizin, die du jetzt brauchst, um dein Problem zu lösen und daran zu wachsen. Wenn hier z. B. Aphrodite erscheint, heißt das, du benötigst Selbstliebe und Selbstannahme. Dann solltest du dir ganz bewusst Zeit für deine Bedürfnisse nehmen. Sei geduldig mit dir. Die Medizin in dein Leben zu integrieren, ist ein Prozess. Die dritte Karte zeigt das Ergebnis, das du erhältst, wenn du den Weg der Medizinkarte durchlaufen hast. Wenn sich hier z. B. Coco Chanel zeigt, bedeutet das, dass es dir gelingt, deinen authentischen Ausdruck zu finden.

13-Karten-Legung

Die 13-Karten-Legung führst du am besten am Neujahrstag durch. Verbinde dich nacheinander mit den Monaten des neuen Jahres, und ziehe je eine Karte für den jeweiligen Monat. Lege die 12 Karten dann im Kreis aus. Diese 12 Shaktis werden dich durch das nächste Jahr begleiten und dich unterstützen. Ziehe nun die 13-te Karte, und lege sie in die Mitte deines Kreises. Diese Karte steht für die Grundenergie des gesamten neuen Jahres. Ganz gleich, welche Herausforderung dir begegnet, diese Karte bietet dir die Antwort, denn sie ist dein energetisches Zuhause für dieses Jahr. Wenn sich dir hier z.B. Frigga zeigt, darfst du dich stets darauf besinnen, gut für dich zu sorgen.

Widme den jeweiligen Monat des neuen Jahres der entsprechenden Shakti, und setze dich in dieser Zeit mit ihren Eigenschaften und Fragen auseinander. Wenn du möchtest, lege dir einen Kalender zu und notiere zu jedem Monat die jeweilige Shakti-Energie. Schreibe dir auch auf, wie du dich am Anfang der Reise gefühlt hast, und vergleiche, wie sich dieses Gefühl am Ende des Jahres verändert hat. So kannst du dir dein Wachstum der letzten 12 Monate vor Augen führen.

DIE KARTEN

ABUNDANTIA

Finanzieller Wohlstand

Bedeutung der Karte

Abundantia ist die Göttin des Wohlstands, des Erfolgs und der Fülle. Sie tritt in dein Leben, wenn es an der Zeit ist, dich mit dem Thema Geld zu befassen. Sich diesem Bereich zu widmen, ist tiefste Identitätsarbeit. Wie viele andere Menschen hast womöglich auch du negative Glaubenssätze in Bezug auf Geld. Dabei ist es gar nichts Negatives und in erster Linie bloß ein Zahlungsmittel. Darüber hinaus ist jede Zuschreibung subjektiv und meist eng mit der eigenen familiären Prägung und mit persönlichen Erfahrungen verbunden.

Abundantia erinnert dich heute daran, dass du finanziellen Wohlstand in deinem Leben willkommen heißen darfst. Sie ruft dir zu: »Ich möchte, dass du so viel Geld hast, wie du willst. Ich glaube daran, dass das gut und wichtig für dich ist.«

Es dient niemandem, wenn du dich finanziell kleinhältst. Gehe den nächsten Schritt mit Abundantia. Dein Ja zu materieller Fülle ist dein Ja zu dir, denn du bist nicht ohne Grund hier. Mehr Geld gibt dir die Freiheit, die Welt zu einem schöneren Ort zu machen. Erlaube der wunderschönen, gütigen Göttin des Überflusses, ihr Füllhorn über dich auszuschütten.

Affirmation

»Geld fließt jetzt mit Leichtigkeit zu mir,
und ich empfange es mit offenen Armen.«

Altar-Ritual

Dekoriere deinen Altar oder einen Tisch mit Münzen, und lade Abundantia so bewusst zu dir ein. Alternativ kannst du auch eine grüne Kerze auf einen Geldschein stellen, sie anzünden und 3 Mal die Affirmation sprechen, während du jene betrachtest. Die Farbe Grün ist in der Kerzenmagie ein Symbol für Wohlstand.

Journaling-Übung

Was denkst du über Geld? Beobachte, wie du darüber sprichst und wie du damit umgehst. Mache dir regelmäßig Notizen dazu. Erkenne deine negativen Glaubenssätze, und lasse sie los, indem du sie in positive verwandelst.

Ätherisches Öl

Der Duft von **Patchouli** erhöht deine Anziehungskraft für Reichtum, Wohlstand und Glück und lädt Erfolg und Fülle in dein Leben ein.

Kristalle

Der **Pyrit** gilt als Geldmagnet, und **grüne Jade** ist ein Symbol für Fülle und Reichtum. Ihre Energie aktiviert den Fülle-Flow für dich. Beide Kristalle unterstützen dich auf deinem Weg in die finanzielle Freiheit.

APHRODITE

Selbstliebe

Bedeutung der Karte

Aphrodite ist die Göttin der Liebe, der weiblichen Sexualität und der Schönheit. Sie verkörpert bedingungslose Selbstliebe und ist die inkarnierte Sinnlichkeit, gänzlich frei von Scham. Die Göttin akzeptiert sich genau so, wie sie ist, und ist sich ihrer erotischen Anziehungskraft vollkommen bewusst.

Aphrodite erinnert dich heute daran, dass wahre Selbstliebe bedeutet, dir zu erlauben, glücklich zu sein und zu genießen. Sie lehrt dich, deine einzigartige Schönheit wertzuschätzen. Sei es dir wert, und gehe mit Aphrodite auf Entdeckungsreise! Nimm ihre Unterstützung mit offenem Herzen an, und erwecke die Göttin in dir, indem du dich verwöhnst. Durch Sinnlichkeit, Leidenschaft und Hingabe erlangst du eine innigere Verbindung zu dir selbst. Finde heraus, was dir wirklich Freude und Lust bereitet, und wisse: Du bist der wichtigste Mensch in deinem Leben. Du darfst jegliche Bedenken loslassen, dich fallen lassen, genießen und dich endlich wieder wunderschön und sinnlich fühlen!

Affirmation

»Ich zelebriere meine einzigartige Schönheit.«

Journaling-Übung

Wie kannst du dich mit deiner Sinnlichkeit verbinden? Was erweckt deine Leidenschaft? Ist es ein genussvolles Essen oder vielleicht ein besonderer Song, zu dem du gern tanzt? Ist es eine erfüllte Sexualität, ein wohlriechender Duft oder ein pflegendes Körperöl?

Ätherisches Öl

Der aphrodisierende Duft der **Rose** unterstützt dich dabei, deinen eigenen Wert und deine einzigartige Schönheit zu erkennen.

Kristall

Der **Rosenquarz** ist dein Wegbegleiter zu mehr Selbstliebe in deinem Leben.

ARTEMIS

Authentizität

Bedeutung der Karte

Artemis ist die Göttin der Jagd, des Mondes und der Schwesternschaft. Sie ist die Bogenschützin, die ihr Ziel niemals verfehlt. Die Göttin gilt als Beschützerin der Natur, der Tiere, der Frauen und der Geburt. Ihr Zuhause sind die Wälder, in denen sie gemeinsam mit anderen Frauen ein selbstbestimmtes Leben führt. Sie steht für bedingungslose Unabhängigkeit, grenzenloses Selbstvertrauen und unendliche Freiheit.

Artemis erinnert dich heute daran, dass auch du diese ungezähmte, authentische und freie Natur in dir hast. Im Laufe deines Lebens hast du gelernt, sie zu unterdrücken, um anderen zu gefallen und ihren Erwartungen zu entsprechen. Strebst du Anerkennung anstatt wahrer Erfüllung an, begrenzt du dich selbst und versteckst dein authentisches Selbst hinter Masken. Damit du wirklich frei und glücklich sein kannst, musst du diese fallen lassen. Mit Artemis an deiner Seite kannst du für das einstehen, woran du wirklich glaubst, und um das bitten, was du tatsächlich willst.

Affirmation

»Authentisch gehe ich meinen Weg,
denn ich bin die Heldin meines Lebens.«

Journaling-Übung

Wie würde dein Leben aussehen, wenn du es ganz nach deinen eigenen Vorstellungen gestaltest? Wie kannst du dir jeden Tag mehr erlauben, deine wilde, freie, authentische Seite zu leben?

Ätherisches Öl

Der Duft von **Wacholder** führt dich zu deinem wahren Ausdruck.

Kristall

Larimar ist der ideale Heilstein, wenn du dein Leben in die Hand nehmen und authentisch und frei sein möchtest.

ATHENE
Strategie

Bedeutung der Karte

Athene ist die Göttin des Wissens, der Handwerkskünste und der strategischen Kriegsführung. Sie ist erhaben, schön und unendlich weise. Eine ihrer zentralen Rollen in der griechischen Mythologie ist es, die Verbündete und Beraterin zahlreicher Helden zu sein. Denn mit ihrer Klugheit, Weisheit und taktischen Kompetenz gewinnt Athene fast alle Kriege und Auseinandersetzungen. Die Göttin lässt sich nicht zu übereilten, emotionalen Entscheidungen hinreißen, sondern wählt stets den Weg des pragmatischen Denkens und des entschlossenen sowie strategischen Handelns. Bei Entscheidungen wägt sie zuerst ab und beruft sich auf ihr Wissen und ihre Weisheit.

Athene erinnert dich heute daran, dass das verletzende Verhalten anderer oft mehr mit ihnen selbst als mit dir zu tun hat. Entscheide nicht kopflos und übereilt. Halte inne, und erinnere dich daran, zuerst auf all dein Wissen und deinen großen Erfahrungsschatz zurückzugreifen. Dort, im magischen Raum zwischen Reiz und Reaktion, begegnet dir Athene.

Affirmation

»Ich bewahre einen kühlen Kopf
und denke nach, bevor ich handle.«

Journaling-Übung

Wo in deinem Leben gilt es gerade, ruhig und gelassen zu bleiben? In welchen Situationen nimmst du Ereignisse schnell persönlich, anstatt sie zuerst aus der notwendigen Distanz zu betrachten? Wo bedarf es jetzt einer durchdachten und strategischen Entscheidung?

Ätherisches Öl

Das Aroma der **Pfefferminze** wirkt spannungslösend und erfrischend. Es hilft dir dabei, dich bei wichtigen Entscheidungen nicht aus der Ruhe bringen zu lassen.

Kristall

Der **Chrysokoll** löst deine Anspannung und hilft dir dabei, Entscheidungen in Gelassenheit zu treffen.

BRIGID

Seelenvision

Bedeutung der Karte

Brigid ist die Göttin des Feuers, der Schmiedekunst und der Visionen. Wenn du dich nach neuen Ideen sehnst, erscheint sie. Sie ist die Shakti-Kraft, die dir Licht, Zuversicht und neue Energie schenkt. Brigid küsst die Visionärin in dir wach und verbindet dich mit deiner Seelenmelodie. Du bist eingeladen, zu erforschen, welche alten Vereinbarungen oder Vorstellungen – ob sie von dir selbst oder von anderen stammen – längst nicht mehr stimmig für dich sind. Brigid ermutigt dich, herauszufinden, was deinem wahren Selbst entspricht. Denn sie weiß: Wünsche kommen oft von außen, Visionen von innen. Sie lädt dich ein, den Blick nach innen zu richten, um dich mit den tiefen Sehnsüchten und Visionen deiner Seele zu verbinden. Denn diese geben dir Sinn, Stabilität und Motivation.

Brigid erinnert dich heute daran, dass es an der Zeit ist, deine große Vision zu empfangen und sie zu leben. Sie entfacht dein inneres Feuer und verleiht dir die Kraft, jene umzusetzen. Als Herrscherin über das Wasser macht sie dir bewusst, dass dies zugleich ein fließender, weiblicher und flexibler Prozess sein darf. Deine Seelenvision zu leben, bedeutet: deiner Seele bewusst den Raum zu schenken, sich in der Welt zu verwirklichen und sich in all ihrer Schönheit zu zeigen.

Affirmation

»Ich richte den Blick nach innen und
bringe meine Seelenvision in die Welt «

Journaling-Übung

Wie würde dein Leben aussehen, wenn du es wirklich aus deiner Seele heraus visualisierst, kreierst und erspürst? Welche kleinen Schritte kannst du jetzt gehen, um deine Seelenvision zu manifestieren?

Ätherisches Öl

Der **Muskatellersalbei** wirkt klärend und unterstützend bei deinem Visionsprozess. Mit ihm kannst du deine Vision entschlossen und mit Leichtigkeit entstehen lassen und in die Welt bringen.

Kristall

Der olivgrüne **Epidot** symbolisiert Brigids schützenden Mantel. Er ist ein wundervoller Begleiter für deinen Visionsprozess. Denn er verleiht dir die Kraft, selbst in schwierigen Zeiten immer wieder schwungvoll Anlauf zu nehmen.

COCO CHANEL

Ausdruck

Bedeutung der Karte

Mit Coco Chanel lädst du die edle Qualität der Eleganz in dein Leben ein, denn sie revolutionierte die Frauenmode des 20. Jahrhunderts. Obwohl sie aus ärmlichen Verhältnissen stammte, schaffte sie es, mit ihrer Leidenschaft und Begeisterung ein Modeimperium zu erschaffen. Für sie zählten Eleganz, Bequemlichkeit und natürliche Bewegungsfreiheit vereint mit weiblicher Eleganz. So kreierte sie einen lockeren, bequemen und edlen Modestil für Frauen und verzichtete dabei erstmalig auf das beengende Mieder und Korsett. Mit Chanel N° 5 erschuf sie außerdem eines der meistverkauften Parfums der Welt.

Coco Chanel lädt dich heute ein, dein Wesen durch deinen Kleidungsstil für andere sichtbar zu machen. Deine Kleidung repräsentiert deine Identität, während die verwendeten Stoffe dein Wohlbefinden beeinflussen. Wähle deine Outfits ganz frei nach Gefühl aus. Erforsche, aus welchem Grund du bestimmte Farben und Kleidungsstücke schon lange liebst, und erlaube dir, Neues auszuprobieren. Wage einen neugierigen Blick in deinen Kleiderschrank, und entdecke neue Möglichkeiten, dich auszudrücken. Erfinde dich selbst neu mit den Farben, Formen und Stoffen deiner Kleidung!

Affirmation

»Ich bin frei, mich auf meine
ganz eigene Art auszudrücken.«

Journaling-Übung

Wie hat sich dein Kleidungsstil in letzter Zeit verändert? Spiegelt deine Kleidung dein Wesen wieder? Unterwirfst du dich ausschließlich der aktuellen Moderichtung, oder erlaubst du dir, dich frei zu entfalten? Hast du vielleicht sogar den Mut, neue Trends zu setzen?

Ätherische Öle

Bergamotte, Jasmin, Ylang Ylang, Neroli und **Rose** gehören zu den Bestandteilen des weltberühmten Parfums Chanel N° 5. Verbinde dich durch diese Düfte mit der inspirierenden Modeschöpferin.

Kristall

Das einzigartige, vielseitige Farbenspiel des **Opals** lädt dich dazu ein, alle deine Facetten neugierig zu erforschen, und unterstützt dich so bei deiner Selbstverwirklichung.

DEMETER
Fürsorglichkeit

Bedeutung der Karte

Demeter ist die Göttin des Getreides, der Landwirtschaft und der Fruchtbarkeit sowie die Beschützerin der Ernte und der Natur. Sie steht für den innigen Wunsch, anderen Wesen und der Natur mit Liebe und Fürsorge zu begegnen. Ihre höchsten Werte sind Warmherzigkeit, Miteinander und Wertschätzung. Sie vermag es, dass sich andere Menschen gesehen, geliebt und gewürdigt fühlen.

Demeter ist in dein Leben getreten, um dich heute daran zu erinnern, dich mit deinen liebevollen und gütigen Eigenschaften zu verbinden. Begegne den Bedürfnissen anderer mit Empathie, Aufmerksamkeit und Verständnis. Denn Fürsorglichkeit ist viel mehr als eine moralische Pflicht. Vielmehr ist sie ein Teil des umfassenden Verständnisses für die Verbundenheit mit der gesamten Schöpfung. Deshalb ist deine Fähigkeit, fürsorglich zu handeln, wichtig für die ganze Welt. Deine liebevolle Ausrichtung macht einen entscheidenden Unterschied für alle Lebewesen.

Affirmation

»Fürsorglichkeit ist meine wahre Natur.«

Tipp

Aktiviere Demeter-Shakti in dir, indem du eir schmackhaftes Menü für deine Liebsten zauberst. Pflege deine Freundschaften ganz bewusst: Backe z. B. einen leckeren Kuchen für deine Freundinnen und Freunde und lade sie zum Kaffee ein.

Journaling-Übung

Was könntest du tun, um mehr Fürsorglichkeit für dich und andere in deinem Leben zu kultivieren?

Ätherisches Öl

Majoran, das Öl der Verbindung, hilft dir dabei, dich anderen zu öffnen.

Kristall

Demeter-Shakti zu aktivieren, ist definitiv eine Herzensangelegenheit. Der **Rhodochrosit** unterstützt dich dabei.

DURGA
Sieg

Bedeutung der Karte

Durga ist die unbezwingbare kriegerische Göttin, die sich den zerstörerischen Mächten der Dunkelheit mutig entgegenstellt. Sie ist die Einzige, die die Welt vor jener retten und so das weltliche Leiden beenden kann. Deshalb steht sie in der hinduistischen Tradition für den Triumph des Guten über das Böse. Sie besiegt den großen Dämon der Unwissenheit, der Arroganz und des Egoismus. Doch weder genießt sie noch schwelgt sie in Gewalt, sondern wendet sie nur dann an, wenn es wirklich notwendig ist, um das Böse zu bezwingen und das Gute zu bewahren.

Durga reitet heute auf ihrem Löwen in dein Leben, um dich zu ermutigen, dich deinen inneren und äußeren Dämonen zu stellen. Zu lange hast du zugelassen, dass deine Schatten in dir wüten. Es ist an der Zeit, deine Seele von allem Negativen zu befreien, um auf deinem spirituellen Weg voranzukommen. Mit Durga an deiner Seite wirst du siegreich sein.

Affirmation

»Mutig stelle ich mich meinen inneren Dämonen und verändere dadurch die Welt.«

Mantra

OM DUM DURGAYEI NAMAHA (Ehrerbietung der kriegerischen Göttin Durga)
Mit diesem Mantra aktivierst du Durga-Shakti in dir. **Om** ist der Urklang, durch den sich alles im Universum in Bewegung setzt. **Dum** ist das Bija Mantra, das Samen-Mantra (ein Mantra, das nur aus einer Silbe besteht) der Göttin Durga. Es ist ihre zu Klang verdichtete Shakti-Energie. **Durgayei** bedeutet »Sieg der Durga-Shakti«. **Namaha** heißt »Ich verneige mich vor dir«.

Journaling-Übung

Kennst du deine eigenen inneren Dämonen? Was hält dich noch in der Dunkelheit gefangen? Sind es vielleicht Neid, Missgunst oder Selbstzweifel?
Erkenne deine Dämonen, und kämpfe mit Durga an deiner Seite den Kampf für das Gute.

Ätherisches Öl

Die feurige Kraft der **Nelke** verleiht dir die Energie, die du brauchst, um deine Dämonen zu besiegen.

Kristall

Das **Tigerauge** stärkt deinen Mut und dein Durchsetzungsvermögen.

FEE

Wunder

Bedeutung der Karte

Feen sind Schutzgeister und unsichtbare Helfer, die den Menschen stets zur Seite stehen. Sie können das Unvorstellbare möglich machen und unsere Wünsche erfüllen, wenn wir ihnen mit offenem Herzen begegnen. Wenn die Fee dich besucht, ist es an der Zeit, dass du wieder an Wunder glaubst. Dieser magische Naturgeist erinnert dich heute daran, dass diese überall zu finden sind, wenn du bereit bist, sie zu empfangen. Die Fee zeigt dir, dass du die Grenzen deines Verstandes sprengen kannst, wenn du nur darauf vertraust, dass es noch viel mehr gibt als das, was du sehen und dir erklären kannst.

Affirmation

»Ich bin ein Magnet für Wunder.«

Tipp

Feen sind sehr eng mit dem spirituellen Herzen dieses Planeten verbunden und vor allem in der Natur aufzufinden. Wenn du den Kontakt zu ihnen suchst, verbinde dich bewusst mit Mutter Natur. Am Wasser, auf lichtdurchfluteten Feldern oder in verwunschenen Wäldern, bei Schmetterlingen und bei Pilzen halten Feen sich besonders gern auf. Spüre ihre zarte Energie, und lade sie in dein Leben ein. Schon nach kurzer Zeit wird alles, was dich gerade bedrückt, immer tiefer in den Hintergrund rücken, und du empfängst Leichtigkeit und Freude.

Journaling-Übung

Wo in deinem Leben findest du bereits jetzt Zauber und Fantasie? Wie kannst du deinen Blick für die weiteren Wunder des Lebens öffnen?

Ätherisches Öl

Der fruchtige und vitalisierende Duft der **Mandarine** bringt Freude in dein Leben und verbindet dich mit der Energie der Feen.

Kristalle

Der **Feenstein** ist ein beliebiger Kristall in Form eines Hexagons. Wähle die Art des Steins ganz intuitiv. Legst du ihn bei sternenklarer Nacht auf die Fensterbank, kann er Wunder geschehen lassen. Zudem eignet sich ein **Spiritquartz,** auch **Kaktusquartz** genannt, sehr gut dafür, die Magie der Feen zu dir einzuladen.

FRIDA

Kreativität

Bedeutung der Karte

Die berühmte mexikanische Künstlerin Frida Kahlo ist noch heute eine Ikone der Weiblichkeit. Zu ihren Lebzeiten verwandelte sie Schicksalsschläge in Kunstwerke. Leid und Schmerz waren dabei die Antriebsfedern für ihr Schaffen. Fridas Werke, ihre Tapferkeit, ihre Kreativität und ihr Mut, das Frausein neu zu definieren, inspirieren bis heute auf einzigartige Weise. Ihre Lebensgeschichte ist die einer Göttin und einer wunderschönen, gegen alle existenziellen Tragödien kämpfenden Frau.

Frida ruft dir heute ins Gedächtnis, wie unfassbar kraftvoll du trotz aller herausfordernden äußeren Umstände sein kannst. Sie erinnert dich daran, dass alles, was dir passiert, zu dir gehört und dass du nur durch diese Erfahrungen – ob gut oder schlecht – zur authentischsten Version deiner selbst werden kannst.

Was würde Frida tun in Zeiten, in denen sich die Schattenseiten des Lebens offenbaren? Kreativ sein. Sich zeigen. Ganz sie selbst sein. Malen. Tanzen. Singen. Sie wählt jederzeit die Freiheit – in sich selbst.

Affirmation

»Ich bin authentisch und frei! Meine Realität gestalte ich in den Farben meiner Seele.«

Journaling-Übung

Wodurch kannst du deine Kreativität erwecken? Ist es eine leere Leinwand oder ein gutes Buch, sind es Düfte, Kristalle oder ist es vielleicht ein erholsames Bad? Notiere deine Kreativitäts-Booster, und lege los.

Ätherisches Öl

Der Duft des **Eukalyptus** erfrischt deinen Geist und beflügelt deine Fantasie.

Kristall

Der **Karneol** vitalisiert alle deine Lebensbereiche und regt deine Kreativität an.

FRIGGA
Muttersein

Bedeutung der Karte
Frigga ist die Göttin der Familie, der Ehe, der Fruchtbarkeit und der Mutterschaft, die Bewahrerin der Liebe und die Schutzpatronin der Schwangeren. Sie hilft dir dabei, die große Muttergöttin in dir zu erwecken. Dafür musst du nicht die Mutter eines Kindes sein oder werden. Diese schöpferischen mütterlichen Qualitäten sind ein ganz natürlicher Teil von dir. Denn Mutterschaft bedeutet in erster Linie, sich hinzugeben, zu vertrauen und zu empfangen. Das kann sich auch auf Projekte oder Ideen beziehen. Sich für das Muttersein zu entscheiden, bedeutet, sich für Liebe, Verletzlichkeit, Fürsorge, Hingabe, Geduld, Selbstreflexion, Geborgenheit und bedingungsloses Vertrauen in das Leben zu öffnen. Aktivierst du die Muttergöttin in dir, entscheidest du dich dafür, die Welt schöner und liebevoller zu gestalten – für dich und für andere.
Frigga lädt dich heute ein, deine mütterlichen Eigenschaften zu erspüren. Sie ruft dich dazu auf, dir, anderen und dem Leben zu vertrauen, dich dem, was du tust, vollkommen hinzugeben, neue Ideen zu empfangen oder liebevoll Leben zu fördern, zu begleiten und zu behüten. Dabei steht sie dir zur Seite und hilft dir, das Muttersein nach deinen Vorstellungen zu definieren.

Affirmation

»Ich betrachte mich selbst durch die Augen einer liebenden Mutter. Alles, was ich gebe, erhalte ich vom Leben vielfach zurück.«

Journaling-Übung

Welche Gedanken hast du zum Muttersein? Kannst du den Begriff für dich neu und positiv definieren? Schenkst du dir selbst und anderen Liebe und Fürsorge?

Ätherisches Öl

Der Duft der **Blaufichte** wirkt entspannend und stresslindernd. Er unterstützt dich dabei, dich mit deiner inneren Muttergöttin zu verbinden.

Kristall

Der **Mondstein** steht für die Urkraft des Weiblichen sowie für Verbindung, Güte und Vertrauen und stärkt den Zugang zu deinen mütterlichen Eigenschaften.

GRÜNE TARA
Mitgefühl

Bedeutung der Karte

Tara ist die Verkörperung der Liebe und des aufrichtigen Mitgefühls. Sie ist ein Bodhisattwa, eine weibliche Gestalt des Buddha. Damit ist sie die feminine Form des Erwachens und der Erleuchtung. Der Legende nach wurde Tara vor vielen Monden aus einer Träne des Avalokiteshvara geboren, dem Buddha des Mitgefühls. Diese vergoss er aus Empathie zu allen Lebewesen, die leiden. Seitdem ist sie eine sterbliche Prinzessin, die ihr Leben dem Wohl aller Wesen gewidmet hat. Sie beschützt die Menschen vor den acht Arten der Angst, die zugleich die acht inneren Hindernisse auf dem Weg zur Erleuchtung sind: Arroganz, fehlende Klarheit, Zorn, Neid, falsche Sichtweisen, Geiz, Begierde und Zweifel.

Tara erinnert dich heute daran, wie wichtig es ist, dir selbst gegenüber mitfühlend zu sein. Das bedeutet nicht, in Selbstmitleid zu schwelgen, sondern, dir zu vergeben und nachsichtig mit dir zu sein. Heute ist der Tag, an dem du aufhören darfst, dich kleinzureden. Mache dich groß! Wenn du dir selbst mit Empathie begegnen kannst, wird es dir leichter fallen, auch anderen Menschen gegenüber mitfühlend zu sein.

Affirmation

»Ich fühle mit mir und mit anderen.«

Mantra

OM TARE TUTTARE TURE SOHA (Ehrerbietung der Tara, der Beseitigerin aller Ängste)

Dieses Schutzmantra ist ein kraftvoller Begleiter auf deinem spirituellen Weg. **Om** ist der kosmische Urklang. **Tare** die Anrufung der grünen Tara als Retterin und Stern. **Tuttare** benennt sie als diejenige, die alle Ängste beseitigt und von Leid befreit. **Ture** bezeichnet sie als diejenige, die alle Arten von Angst besiegt. **Scha** bedeutet Segen, Ehrerbietung und Lobpreisung.

Journaling-Übung

Alles beginnt bei dir. Wann hast du das letzte Mal eine liebevolle, wohlwollende Haltung dir selbst gegenüber eingenommen? Notiere dir alle noch so kleinen Erfolge deines Lebens, visualisiere sie, und durchlebe sie so erneut.

Ätherisches Öl

Das Aroma von **Cassia** ist der Schlüssel zu einem liebenden Herzen und hilft dir dabei, dich bewusst der Freude und dem Mitgefühl zuzuwenden.

Kristall

Der grüne **Malachit** fördert Liebe, Verständnis und Mitgefühl. Er unterstützt dich dabei, zu vertrauen und dich voller Hingabe dem Leben zu öffnen.

GUANYIN
Urvertrauen

Bedeutung der Karte

Die weibliche Gestalt Buddhas Guanyin steht für das pure Urvertrauen, die Macht des allgegenwärtigen Guten und das unerschütterliche Wissen, dass alles gut wird. Die Phiole in ihrer Hand, die mit klarem Wasser gefüllt ist, symbolisiert ihre reinen Absichten.
Guanyin hilft dir dabei, dein Urvertrauen zu reaktivieren und schenkt dir ein inniges Gefühl von Geborgenheit und Sicherheit. Sie liebt dich bedingungslos und sieht deine wunderschöne Seele hinter all den Mauern, die du womöglich errichtet hast. Guanyin erinnert dich heute daran, dass es notwendig ist, diese einzureißen. Deine antrainierte Härte, die vor langer Zeit deinem Selbstschutz diente, um in diesem Leben zu bestehen und durchzuhalten, darf nun weichen. Du kannst dem Leben jetzt vertrauen und dir den Weg für wahre, lebendige und erfüllende Beziehungen ebnen. Denn nur, wenn du diese Härte hinter dir lässt, kannst du dich mit Guanyin verbinden und zuversichtlich mit dem Fluss des Lebens fließen. Dann erkennst du, dass alle Herausforderungen letztlich deinem höchsten Wohl und deinem spirituellen Wachstum dienen.

Affirmation

»Ich bin in Sicherheit und vertraue mir und dem Leben.«

Tipp

Im yogischen Kontext ist das Wurzelchakra der Sitz des Urvertrauens. Es befindet sich am Steißbein, dem unteren Ende der Wirbelsäule. Informiere dich über das Wurzelchakra, trage rote Kleidung oder roten Schmuck, laufe barfuß über die Wiese, oder praktiziere Meditationen und sanfte Yogaübungen, die es aktivieren, und verbinde dich auf diese Weise mit deinem Urvertrauen.

Journaling-Übung

In welchen Situationen und mit welchen Personen fühlst du dich besonders wohl? An welchem Ort befindet sich dein sicherer Hafen? Beobachte und notiere dir diese Situationen, Menschen und Orte. So erkennst du immer klarer, was dich wirklich stärkt.

Ätherische Öle

Erdige und würzige Düfte wie **Rosmarin**, **Zimt** und **Ingwer** stärken dein Urvertrauen.

Kristall

Der leuchtend rote **Rubin** aktiviert dein Wurzelchakra und verleiht dir Vertrauen sowie Zuversicht.

HEKATE

Wandel

Bedeutung der Karte

Wenn Hekate, die Göttin der Nacht und des Wandels, erscheint, ist eine Zeit des Umbruchs gekommen. Mondphasen, Wegkreuzungen, Tore und Übergänge sind ihre Themen. Sie steht für den Wandel als natürliches Lebensprinzip und wird oft als dreigestaltige Göttin dargestellt – als Jungfrau (zunehmender Mond), Mutter (Vollmond) und alte Weise (abnehmender Mond) –, die über den Himmel, die Erde und die Unterwelt herrscht. Die Mondphasen stehen dabei für die Aneinanderreihung von Wandlungsphasen im Leben. Hekate hält den Schlüssel zum Verständnis der Welt in ihren Händen und öffnet für dich das Tor zu einer neuen, authentischeren Version deiner selbst.

Hekate erinnert dich heute daran, dass dieses Leben dynamisch ist und Wandel ein notwendiger Bestandteil der menschlichen Natur. Sie flüstert dir zu: »Du darfst dir erlauben, deine Meinung zu ändern. Habe keine Angst davor, neue Wege einzuschlagen und dich selbst und dein Leben neu zu erfinden.« Nur durch Neuanfänge und die Bereitschaft, deinen Standpunkt zu wechseln, kannst du als Persönlichkeit über dich hinauswachsen. Hekate unterstützt dich dabei, deinen ganz eigenen Weg zu finden, und begleitet dich bei allen Übergängen, Veränderungen und den dafür notwendigen Entscheidungen.

Affirmation

»Mit offenen Armen begrüße ich den Wandel
in meinem Leben und erlaube mir,
meinen Kurs zu korrigieren.«

Journaling-Übung

Wo in deinem Leben solltest du deinen Kurs jetzt nachjustieren? An welcher Stelle gilt es, einen neuen Weg einzuschlagen? Was möchtest du ändern, damit du auf deinem spirituellen Weg vorankommst?

Ätherisches Öl

Oregano ist ein wertvoller Duftanker in Transformationsprozessen. Er verleiht dir die notwendige Erdung und Energie für deinen Wandel.

Kristall

Der **schwarze Obsidian** hilft dir dabei, dich im Ganzen zu betrachten. Er wird auch der Stein der Wahrheit genannt, denn er lässt dich erkennen, an welchen Stellen du dir Wandlungsprozesse noch nicht vollständig erlaubst.

HERA

Beziehungen

Bedeutung der Karte

Hera ist die Herrscherin über den Olymp und die Göttin der Ehe und der Beziehungen. Ohne Partner oder Partnerinnen bzw. Verbündete fühlt sie sich unvollständig, weshalb sie sich über ihre Kontakte definiert. Sie steht für wahrhaftige Treue und bedingungslose Loyalität. Ihr Begleittier, der Pfau, symbolisiert ihren Stolz, ihre Schönheit und ihr allsehendes Auge.

Hera ruft dich heute dazu auf, deine Bündnisse zu überprüfen und dich für die Beziehungen zu entscheiden, die einen positiven Einfluss auf dein Leben haben, weil in ihnen ein wahrhaftiges Miteinander möglich ist. Sie hilft dir dabei, neue Verbindungen einzugehen, die von tiefem Respekt und gegenseitiger Unterstützung durchwoben sind. Hera erinnert dich daran, wie wichtig Beziehungen im Leben sind und dass es notwendig ist, diese regelmäßig zu reflektieren. Sie zeigt dir, wie viel Kraft du aus einer von Wertschätzung getragenen Verbindung schöpfen kannst.

Affirmation

»Die wertvollen Verbindungen in meinem Leben ehre ich mit Loyalität.«

Journaling-Übung

Bist du glücklich in deinen Beziehungen? Von welchen Menschen erhältst du Dankbarkeit und Wertschätzung, bei wem hegst du langfristige Zweifel, verspürst Unbehagen oder hast ein mulmiges Bauchgefühl? Visualisiere und reflektiere deine Verbindungen: Was ist dir wichtig? Was gibst du, und was erhältst du zurück? Ist die Beziehung in Balance? Welche Verbindungen möchtest du auflösen, und wem möchtest du mehr von deiner Aufmerksamkeit schenken? Bringe deine Impulse zu Papier.

Ätherisches Öl

Der Duft von **Jasmin** unterstützt dich dabei, ein harmonisches Umfeld zu kreieren und in erfüllenden Beziehungen zu leben.

Kristall

Der **Kunzit** hilft dir, liebevolle Beziehungen aufzubauen und wahrhaftige Nähe herzustellen.

HESTIA

Innerer Tempel

Bedeutung der Karte

Hestia ist die griechische Göttin des Feuers, die Hüterin des Herdes und der Heimat. Sie verkörpert das nach innen gerichtete Bewusstsein, ist unabhängig von äußeren Einflüssen und findet Heilung in der Ruhe und der Meditation. In einer Welt der Ablenkungen ist sie die heilsame Entspannung, der Rückzug und die Erholung. Hestia geleitet dich in deinen inneren Tempel, in dem deine unendliche ursprüngliche Weisheit und deine natürliche Intuition beheimatet sind. Dort, im Feuer deines Herzens, begegnet sie dir.

Hestia erinnert dich heute daran, wie schön es sein kann, Zeit nur mit dir selbst zu verbringen. Sie hilft dir dabei, im hektischen Alltag geerdet und fokussiert zu bleiben, und lädt dich ein, dir eine Auszeit zu gönnen, um deine Batterien wieder aufzuladen. Hestia flüstert dir zu: »Besinne dich auf dich selbst. In deinem inneren Tempel findest du jede Antwort und alle Kraft, die du brauchst.«

Affirmation

»Ich kehre heim in meinen inneren Tempel.
Hier komme ich vollständig bei mir an.«

Visualisierung

Schließe die Augen. Stelle dir vor, du stehst vor einem wunderschönen, weißen Tempel. Du betrittst ihn und fühlst dich augenblicklich, als würdest du heimkehren. Auf dem Boden liegen samtweiche, edle Kissen, die zum Verweilen einladen. In der Mitte des Tempels siehst du eine Feuerstelle, in der Hestias Feuer lodert. Es erhellt den ganzen Raum. Hier, in der Stille und der Sicherheit, lässt du dich nieder und verweilst bei den wärmenden Flammen. Hier empfängst du alle Antworten, nach denen du suchst. Werde ganz ruhig, und lausche deiner inneren Stimme, deiner Intuition. Wenn du so weit bist, komme zurück ins Hier und Jetzt, und öffne die Augen.

Journaling-Übung

Was lenkt dich noch von dir selbst ab? Wie kannst du dieser Zerstreuung deine Aufmerksamkeit entziehen? Wann kannst du Momente der Innenschau, der Meditation und der Entspannung in dein Leben integrieren?

Ätherisches Öl

Das wärmende und energetisierende Aroma von **Ingwer** vermag es, dich mit deinem inneren Feuer zu verbinden.

Kristall

Der **Rauchquarz** beruhigt deinen Geist und führt dich in deinen inneren Tempel. Halte ihn dafür in deinen Händen, und visualisiere Hestias Feuer in deinem Inneren.

HILDEGARD VON BINGEN

Kristall- & Pflanzenenergie

Bedeutung der Karte

Hildegard von Bingen verfasste als eine der ersten weiblichen Universalgelehrten des Mittelalters unter anderem Werke zu Philosophie, Naturheilkunde und Medizin. Besondere Aufmerksamkeit richtete sie dabei auf Heilsteine, -pflanzen sowie -kräuter und beschrieb deren Anwendung und kraftvolle Wirkung bei unterschiedlichen Erkrankungen.

Hildegard von Bingen erinnert dich heute daran, dass die Natur dein Heilmittel ist, und bringt die Kristall- und Pflanzenenergie in dein Leben. Mit ihren positiven Schwingungen können diese Geschenke der Natur dein Leben auf fantastische Weise bereichern. Edelsteine speichern die Essenz der Erde und sind ein wundervolles Werkzeug für deine spirituelle Persönlichkeitsentwicklung, weil sie dein Potenzial aktivieren. Wenn du es zulässt, verhelfen dir Kristalle und ätherische Öle zu Klarheit, Vertrauen, Liebe, innerem Frieden und Mut. Du kannst sie in Ritualen verwenden oder Lebensräume und dein Energiesystem mit ihnen reinigen. Hildegard von Bingen lädt dich ein, dich ganz bewusst mit der Kraft der Kristalle und Pflanzen zu verbinden.

Affirmation

»Ich bin verbunden mit den Heilkräften der Natur.«

Tipp

Heilsteine gibt es in den unterschiedlichsten Farben und Formen. Erlaube dir, diese kraftvollen Kristallwesen jetzt in dein Leben einzuladen. Studiere auch die Kräfte der Pflanzen, und erwecke die Heilerin in dir.

Journaling-Übung

Wähle intuitiv einen Heilstein aus, ohne dich über seine Wirkung zu informieren. Schreibe dir nur seinen Namen auf. Trage ihn mindestens einen Tag lang bei dir, z. B. in der Hosentasche, und nimm regelmäßig seine Energie wahr. Notiere dir: Was hast du dabei gespürt? Welche Botschaften haben dich erreicht?

Ätherische Öle

Jedes natürliche ätherische Öl enthält die Heilkraft der Pflanzen. Welches Öl spricht dich derzeit am meisten an? Erspüre seine Wirkung. Erkundige dich dann darüber, gleiche die Informationen ab, und werde zur Meisterin der Pflanzenseelen. So aktivierst du die Heilerin in dir.

Kristalle

Du kannst dich durch jeden Edelstein mit der Heilkraft der Natur verbinden. Welcher ruft dich gerade am deutlichsten? Erforsche seine Wirkung.

ISIS

Wiedergeburt

Bedeutung der Karte

Isis ist die mächtige Göttin des Schutzes und der Schöpfung und für ihre übersinnlichen Kräfte bekannt. Sie wacht über Leben und Tod und besitzt das Wissen aller Universen. Isis ist die Verkörperung unendlicher, weiblicher Weisheit. Mit ihren Flügeln behütet sie die Seelen aller Wesen und vermag es, sich durch alle Dimensionen zu bewegen. Sie besitzt die einzigartige Kraft, Verstorbene ins Leben zurückzubringen.

Isis erinnert dich heute an die Unsterblichkeit deiner Seele und an die Möglichkeit, jederzeit neu anzufangen. Sie führt dich durch den Prozess der Erneuerung und der Wiedergeburt. Dabei fächert sie dir mit ihren erhabenen Flügeln frischen Lebensatem, Lebensmut und neue Kraft zu.

Affirmation

»Jeder Atemzug bietet die Chance
zu einem Neuanfang.«

Tipp

Verbinde dich mit dem Symbol Ankh, das Isis auf der Karte in ihrer linken Hand hält. Das Ankh wird auch als Lebensschleife bezeichnet und ist eine altägyptische Hieroglyphe, die unter anderem als Symbol des Lebens bekannt ist. Zeichne es in dein Journal, oder dekoriere deinen Altar damit, betrachte es immer wieder, und lasse es auf dich wirken. Es wird dich durch die Prozesse der Erneuerung führen.

Journaling-Übung

Wo in deinem Leben ist es Zeit für einen Abschied? Kann ein Projekt, das dich nicht erfüllt, oder eine einseitige, ermüdende Beziehung losgelassen werden? Woran hältst du noch fest, obwohl du schon lange weißt, dass es dir nicht guttut? Welche Möglichkeiten eröffnen sich dir, wenn du dich davon befreist?

Ätherisches Öl

Zedernholz steht in enger Verbindung mit der Magie von Isis. Sein Duft erweckt deine Kräfte, weht wie ein frischer Wind Altes aus deinem Leben und schafft dadurch Raum für Neues.

Kristalle

Gold und **Silber** sind die edlen Mineralien der Göttin Isis. Sie symbolisieren dein neues, glanzvolles Leben.

IXCHEL

Medizin

Bedeutung der Karte

Ixchel ist die Göttin der Medizin, des Niederschlags und des Regenbogens. Mit ihren Regengüssen lässt sie die Erde fruchtbar werden und nährt die Pflanzen sowie alle anderen Lebewesen. Wie eine Krone thront eine Schlange, das Symbol der Urweiblichkeit, auf ihrem Kopf und versinnbildlicht Regeneration und Transformation. Die Kaninchen, die sie umgeben, stehen für Fruchtbarkeit, und ihr Begleiter, der Jaguar, symbolisiert unendliche Kraft.

Ixchel aktiviert heute die Energie der Schamanin in dir. Sie lädt dich ein, deine ganz individuelle Medizin zu erkennen und weiterzuentwickeln. Denn diese ist das Werkzeug einer modernen Medizinfrau, mit dem sie sich mit sich selbst, ihrer Spiritualität und ihrer Umwelt verbindet. Wenn du deine Medizin gefunden und verfeinert hast, kannst du heilen, dich wirkungsvoll für eine bessere Welt einsetzen und der Menschheit mit deiner Vision dienen.

Affirmation

»Ich kenne, verfeinere
und ehre meine Medizin.«

Tipp

Aktiviere deine innere Medizinfrau, indem du dich mit dem Regenbogen verbindest. Schmücke dafür dein Zuhause mit farbenfrohen, duftenden Blumen. Trage Kleidung in den Farben des Regenbogens, und dekoriere dein Zuhause damit. Ernähre dich gehaltvoll und bunt mit Obst und Gemüse aus jeder Farbgruppe. Lies über die Kraft der Farben.

Journaling-Übung

Was ist deine Medizin? Ist es z. B. Kreativität, Heilpflanzenkunde oder Wortmagie? Sind es magische, seherische oder heilende Gaben, oder ist es vielleicht das Lehren? Wie kannst du deine Medizin noch tiefer in dein Leben integrieren und weiterentwickeln?

Ätherisches Öl

Das Aroma von **Copaiba** entspannt dich und hilft dir so dabei, dich auf deine innere Medizin auszurichten.

Kristall

Der kraftvolle **Regenbogenfluorit** verbindet dich mit Ixchels Regenbogen.

KALI
Befreiung

Bedeutung der Karte

Kali ist die wohl unkonventionellste und wildeste Göttin des Hinduismus. Sie ist entfesselt, ungezähmt, nackt und roh und verlangt, dass ihre Anwesenheit wahrgenommen wird. Sie hat keine Angst davor, gesehen zu werden. Die Totenköpfe um ihren Hals symbolisieren die Anteile des Egos, denen sie immer wieder den Kampf ansagt. Diese bestehen aus falschen Überzeugungen, negativen Glaubenssätzen und aus den eigenen sowie fremden Vorstellungen davon, wie man zu sein hat.
Kali erinnert dich heute an den innigsten Wunsch deiner Seele: Nämlich, dass du dich selbst akzeptierst und so angenommen wirst, wie du wirklich bist. So wie Kali darfst auch du bedingungslos du selbst sein. Sie hilft dir dabei, die Fesseln deines Egos zu erkennen, dich aus ihnen zu befreien und dich voll und ganz so anzunehmen, wie du bist.

Affirmation

»Ich bin wild und frei.«

Eine Geschichte

Vor vielen Monden tanzten Shiva und Shakti, die vielerorts als das größte Liebespaar im Universum bezeichnet wurden, miteinander. Shakti fragte Shiva: »Liebster, wie möchtest du mich heute haben? Als die schöne Lakshmi, die Göttin der Fülle, oder vielleicht als Sarasvati, die disziplinierte und fokussierte Göttin?« Shiva entgegnete: »Ich liebe alle deine Facetten, aber ich möchte dich heute als Kali.« Shakti fragte verwundert: »Aber warum denn als Kali? Sie ist düster, zerstörerisch, entfesselt und wild.« Shiva entgegnete liebevoll: »Weil du dann ganz frei und vollständig du selbst bist. Du akzeptierst dich dann so, wie du bist.«

Journaling-Übung

Wer bist du, wenn du dich nicht mehr zurückhältst und alle deine limitierenden Überzeugungen fallen lässt? Deine Glaubenssätze sind deine Annahmen über dich und die Welt. Notiere sie dir, und reflektiere, welche dir dienlich sind und welche dich einschränken. Schreibe einschränkende Glaubenssätze in dienliche um, und verinnerliche diese, indem du sie nach und nach so lange wiederholst, bis sie in dein Sein übergegangen sind.

Ätherisches Öl

Schwarzer Pfeffer aktiviert und belebt dich. Er erinnert dich daran, dass du frei und authentisch leben darfst.

Kristall

Der **Turmalin** schützt dich vor negativen Gedanken und unterstützt dich dabei, einschränkende Glaubenssätze loszulassen.

KLEOPATRA
Führung

Bedeutung der Karte

Die legendäre Königin Kleopatra war berühmt für ihre Stärke, Sinnlichkeit und ihre mächtige, majestätische und feminine Ausstrahlung. Sie zelebrierte ihre Göttlichkeit als Königin von Ägypten, Pharaonin, Visionärin und Rebellin und ging als intelligente, leidenschaftliche und ehrgeizige Frau in die Geschichte ein. Mit Bädern aus Milch und hochwertigen ätherischen Ölen ehrte sie ihren Körper als Tempel der Weiblichkeit.

Kleopatra steht für das Königliche, für Führungsqualitäten, Erhabenheit und Entschlossenheit. Denn sie weiß genau, wohin sie möchte, und führt sich selbst auf ihrem Lebenspfad. Sie versteht ihr Leben als ihr Königreich, das sie Tag für Tag nach ihren Bedingungen optimiert.

Kleopatra erinnert dich heute daran, dass allein du entscheidest, wie du dein Leben führen willst. Du bist die Königin deines Lebens und verdienst es, genau so behandelt zu werden – von dir selbst und von anderen. Es ist essenziell für dich, dass du deine Bedürfnisse gezielt erfüllst und dir selbst Gutes tust. Kleopatra aktiviert die Fähigkeiten königlicher Führung in dir: Kommunikatives Geschick, Autorität, strategisches Denken, Weisheit und Entscheidungsfähigkeit.

Affirmation

»Ich übernehme die Führung,
denn ich bin die Königin meines Lebens.«

Journaling-Übung

Wo in deinem Dasein fühlst du dich derzeit fremdbestimmt? Wie kannst du dort aktiv die Führung übernehmen und dein Leben vollständig zurückerobern?

Ätherisches Öl

Der Duft von **Moschuskörnern** ist geheimnisvoll und verführerisch. Dieses betörende Aroma aktiviert die Königin in dir.

Kristall

Der königsblaue **Lapislazuli** wird auch als »Stein der Königin« bezeichnet. Trage ihn mit Stolz bei dir, und übernimm die Herrschaft über dein Leben.

KRIEGERIN

Grenzen setzen

Bedeutung der Karte

Mit der Kriegerin erlangst du innere Stärke, Selbstvertrauen und Selbstbestimmung. Heldenhaft stellst du dich Hindernissen und Herausforderungen und entwickelst eine erhabene Gelassenheit schwierigen Situationen gegenüber. Dabei sind Freude, Beharrlichkeit und Gleichmut deine Waffen. Die Wildheit deiner inneren Kriegerin ist nicht zerstörerisch, sondern verleiht dir die Kraft für Mitgefühl und Integrität.

Die Kriegerin erinnert dich heute daran, dass es an der Zeit ist, deine Grenzen deutlich zu artikulieren. Denn deine Lebenszeit ist das Wertvollste, was du hast. Nutze sie so, wie du möchtest, und opfere dich nicht für andere auf! Du allein weißt, was du brauchst, und nur du kannst gesunde Grenzen für dich ziehen. Erkenne, dass andere diese gar nicht wahrnehmen und respektieren können, wenn du sie selbst nicht kennst. Deine innere Kriegerin unterstützt dich dabei, klare Regeln aufzustellen, die du aus Liebe zu dir selbst kommunizierst. Innerhalb deiner Grenzen findest du zurück zu deiner wahren Stärke.

Affirmation

»Ich kenne und ehre meine Grenzen.«

Visualisierung

Stelle dich aufrecht hin, und schließe deine Augen. Atme sanft durch die Nase ein und langsam durch den leicht geöffneten Mund aus. Visualisiere nun deine innere Kriegerin. Wie sieht sie aus? Wie fühlt es sich an, wenn sie bei jedem weiteren Einatmen mit dir verschmilzt? Sprich nun die Affirmation 3 Mal, und öffne schließlich die Augen.

Journaling-Übung

In welchen Momenten fällt es dir schwer, Grenzen zu setzen? Wem gegenüber übergehst du diese? Was kannst du tun, um sie in Zukunft zu wahren?

Ätherisches Öl

Das Aroma von **Thymian** fördert deinen Mut und stärkt dein Selbstvertrauen, sodass du deine Grenzen klar und deutlich kommunizieren kannst.

Kristall

Der **rote Jaspis** hilft dir dabei, für dich einzustehen und deinen Werten und Grenzen treu zu bleiben.

LAKSHMI
Fülle

Bedeutung der Karte
Lakshmi ist die hinduistische Göttin des Glücks und der inneren und äußeren Fülle, des materiellen und geistigen Wohlstands. Sie segnet dein Leben und lässt Gold, Licht und Reichtum hineinfließen. Wenn ihre wunderschöne, sanfte und erhabene Energie in dein Dasein strömt, ist es an der Zeit, das Leben deiner Träume zu erschaffen! Sei großzügig dir selbst gegenüber. Erlaube dir, Großes für dich selbst zu wünschen. Es steht dir zu, denn du bist einzigartig und bringst Wundervolles in die Welt. Du darfst jetzt ein reiches und erfülltes Leben führen. Alles, was du nur erdenken kannst, darf nun entstehen! Mit Lakshmi an deiner Seite ziehst du die Fülle wie ein Magnet in dein Leben.

Affirmation
»Ich bin offen und empfänglich für ein erfülltes Leben.«

Visualisierung
Schließe die Augen, und träume dich in Lakshmis Garten der Fülle. Hier bist du von wunderschönen, duftenden Blumen umgeben. Du siehst Elefanten, die sich mit ihrem Rüssel zur Abkühlung Wasser auf den Körper spritzen, und entdeckst Quellen, aus denen Goldmünzen sprudeln. Hier begegnest du der Göttin Lakshmi. Liebe-

voll überreicht sie dir einen goldenen Becher, der mit honigsüßem Nektar gefüllt ist. Du trinkst daraus und nimmst wahr, wie dein gesamtes Wesen von purer Fülle durchtränkt wird. Bedanke dich bei Lakshmi, öffne die Augen, und nimm dieses Gefühl mit in deine Realität.

Mantra

OM SHRIM MAHA LAKSHMIYEI NAMAHA (Ehrerbietung der großen, Glück verheißenden Lakshmi)
Om ist der Urklang des Universums, **Shrim** derjenige der Fülle und des Glücks. **Maha** heißt großartig. **Yei** ist der Klang, der die Fülle auf der Erde manifestiert, und **Namaha** bedeutet Ehrerbietung.

Journaling-Übung

Was wünschst du dir wirklich? Wie soll dein Leben aussehen? Notiere alle deine Wünsche, und skizziere das Leben deiner Träume ohne Limitierungen. Was kannst du aktiv für die Erfüllung deiner Sehnsüchte tun?

Ätherisches Öl

Der süße und würzige Duft von **Zimt** lädt Lakshmi dazu ein, bei dir zu verweilen.

Kristall

Der **Citrin** beschert dir Lebensfreude und bringt Fülle in dein Leben.

LILITH

Selbstbestimmung

Bedeutung der Karte

Wenn Lilith in dein Leben tritt, ist es an der Zeit, dein Leben voll und ganz zurückzuerobern. Sie war die erste Frau auf Erden, zeitgleich erschaffen mit dem ersten Mann: Adam. Die beiden waren ein Paar, bis Lilith den Anspruch erhob, sich ihm sexuell nicht länger unterwerfen zu müssen, und das Paradies für immer verließ. Sie ist innig verbunden mit ihrer Sexualität, ihrer Leidenschaft und Sinnlichkeit und verkörpert die Weisheit der ungezähmten Frau.

Lilith ruft dich heute dazu auf, für deine Bedürfnisse, Überzeugungen und Rechte einzustehen. Sie erinnert dich liebevoll, aber entschlossen daran, dass nur du allein darüber entscheidest, mit welcher Intensität du das Abenteuer des Lebens genießt. Sie führt dich zu bedingungsloser Selbstbestimmung und unterstützt dich dabei, ein Leben in Übereinstimmung mit deinen persönlichen Werten und Zielen zu kreieren. Wenn du dir erlaubst, deine tiefsten Sehnsüchte auszuleben, wirst du dich mit Lilith an deiner Seite unfassbar lebendig fühlen.

Affirmation

»Ich fordere den Respekt ein, der mir zusteht.«

Tipp

Gib den Themen Sexualität, Ekstase und Lust bewusst mehr Raum in deinem Leben. Erlaube dir den vollen Genuss, und setze dich für die Befriedigung deiner Bedürfnisse ein – ob allein oder mit deinem Partner oder deiner Partnerin. Entdecke deine Sexualität neu, und verbinde dich darüber mit deiner schöpferischen Shakti-Kraft.

Journaling-Übung

Hältst du dich selbst gefangen im vermeintlichen Paradies der Anpassung? Entwickle eine Strategie, wie du selbstbestimmt und frei leben kannst.

Ätherische Öle

Eine Duftmischung aus **Kardamom-** und **Moschussamen, Vanille, Zimt, Ingwer** und **Gewürznelke** erweckt die Leidenschaft und die Sinnlichkeit in dir. Verbinde dich so mit der Vielfalt und Tiefe von Liliths Natur.

Kristall

Der rote **Granat** ist der Stein von Lilith. Er schenkt dir Willenskraft sowie Selbstvertrauen und aktiviert deine Leidenschaft und den Mut, deine wahrhaftigen Sehnsüchte zu erfüllen.

MARIA MAGDALENA

Herzöffnung

Bedeutung der Karte

Maria Magdalena ist die Energie der reinen, weiblichen und allumfassenden göttlichen Liebe. Sie ist eine wichtige Figur der christlichen Geschichte, die Frau an Jesus' Seite und die Botschafterin der Auferstehung. Anstatt sich an gesellschaftliche Normen und Werte zu halten, folgt sie stets ihrer Intuition.
Maria Magdalena zeigt dir heute, dass nichts auf dieser Welt wichtiger ist als die Liebe, und lehrt dich Demut, Hingabe und wahrhaftige Wertschätzung. Indem sie dir die Kraft des Göttlich-Weiblichen ins Bewusstsein ruft, weist sie dir den Weg zu deinem Herzen. Sie segnet dich, schenkt dir ein hingebungsvolles Ja zum Leben und lädt dich ein, zu vergeben, um endlich frei zu sein. So aktiviert sie die Fähigkeit in dir, dir selbst und anderen voller Vertrauen und Liebe zu begegnen.

Affirmation

»Ich bin Liebe.«

Tipp

Öffne heute dein Herz für eine Person deiner Wahl. Erzähle diesem Menschen, was du an ihm besonders bewunderst und schätzt.

Journaling-Übung

Ärgerst du dich gerade über dich selbst oder über andere? Gibt es etwas, was du dir selbst oder jemand anderem nicht verzeihen kannst? Notiere alles, was dir dazu einfällt, auf einem Zettel, und verbrenne diesen in einer Feuerschale oder in einem Lagerfeuer. Gib es frei.

Ätherisches Öl

Maria Magdalena soll am Vorabend der Kreuzigung Jesus` Füße mit kostbarem **Nardenöl** gesalbt haben. Dieses Öl bringt Segen in dein Leben, beruhigt und erdet dich.

Kristall

Der **Rhodonit** lädt bedingungslose Liebe und Mitgefühl in dein Leben ein. Er unterstützt dich dabei, zu vergeben und vergangenen Groll loszulassen.

MATA HARI

Unvoreingenommenheit

Bedeutung der Karte

Mata Hari steht für das Weibliche, Geheimnisvolle, Verführerische und für den vollkommen freien künstlerischen Ausdruck. Sie ist eine der faszinierendsten Frauen der Geschichte: stark, fantasievoll und unabhängig. Zahlreiche umstrittene Mythen ranken sich um ihr tragisches und zugleich bewegtes Leben. Fest steht, dass Mata Hari ihr Dasein bewusst gestaltete und immer nach dem freiesten Ausdruck ihres künstlerischen Selbst strebte. Sie war eine Frau, die gänzlich nach ihren eigenen Vorstellungen lebte und liebte. Bereits zu ihren Lebzeiten wurde sie so als exotische Tänzerin zur Legende.

Wenn Mata Hari in dein Leben tritt, ist es an der Zeit, dass du aufhörst, andere zu verurteilen. Sie erinnert dich heute daran, dass du deine wertvolle Lebenszeit darauf verwenden solltest, deiner Seele Ausdruck zu verleihen. Vielleicht hast du dich auf fremden Baustellen verirrt und dich mit dem Leben anderer abgelenkt, anstatt dich deinen Träumen zu widmen. Lasse dir und anderen Frauen die Freiheit, dich bzw. sich selbst neu zu erfinden und frei auszudrücken.

Affirmation

»Ich bleibe bei mir und widme mich
dem Kunstwerk meines Lebens.«

Journaling-Übung

Wo verirrst du dich wiederholt auf fremden Baustellen und warum? Wie kannst du bei dir selbst bleiben, anstatt deinen Fokus auf andere zu lenken?

Ätherisches Öl

Die **Myrte** hilft dir dabei, die äußeren Begebenheiten unvoreingenommen zu betrachten und deinen Blick nach innen zu richten.

Kristall

Der **Amazonit** erhöht deine Toleranz deinen Mitmenschen gegenüber und erfüllt dich mit Lebensfreude.

MAYA
Wahrheit

Bedeutung der Karte

Maya, die leibliche Mutter Buddhas, ist die hinduistische Göttin der Illusion und der Materie. Alles, was du mit deinen Sinnen wahrnehmen kannst, gehört zu ihrer Schöpfung. Ihr Attribut ist der Schleier, denn es liegt in ihrer Natur, die Wahrheit zu verhüllen, und ebenso, diese aufzudecken.

Maya erinnert dich heute daran, dass alles, was du siehst, durch deine Wahrnehmung gefiltert wird, die durch deine Erziehung, deine Glaubenssätze und durch deine subjektive Interpretation der Realität geprägt ist. Die Göttin lädt dich ein, den Schleier mit ihr an deiner Seite zu heben und die wahre, ungetrübte Natur des Universums hinter der Illusion zu erkennen. So kannst du mit ihrer Hilfe Täuschungen erkennen und auflösen. Was folgt, ist die »Ent-Täuschung«. Das kann ein herausfordernder Prozess sein, aber der Weg dorthin lohnt sich. Denn hinter dem Schleier der Illusion wartet das große Geschenk der Manifestation auf dich. Hast du ihn gelüftet, kannst du dein Leben ganz bewusst, kraftvoll und mit liebevollem Herzen gestalten. Denn dann hast du die Grenzen deines Geistes überwunden.

Affirmation

»Ich blicke durch den Schleier der Illusion
und erkenne die Realität.«

Journaling-Übung

Welche negativen Glaubenssätze über dich verblenden derzeit deine Sicht auf die Realität? Denkst du vielleicht, du seist nicht gut genug? Beobachte, wann solche oder ähnliche Glaubenssätze in deinem Alltag auftauchen. Hinterfrage, was das Leben dir mit ihnen sagen will, und lasse sie bewusst los, indem du sie in positive Glaubenssätze umwandelst.

Ätherisches Öl

Weihrauch ist das Öl der Meditation und der Wahrheitsfindung und eignet sich somit für alle Prozesse, die du mit Maya durchläufst.

Kristall

Der **Sodalith** schenkt dir den Mut, ungewollte und schädliche mentale Muster aufzulösen und die Wahrheit hinter ihnen zu erkennen.

MEDUSA

Wut

Bedeutung der Karte

Medusa ist der Aspekt von Shakti, der dich davor bewahrt, nicht ganz gelebt oder dich nicht vollständig gezeigt zu haben. Die Gorgone lässt dich erkennen, dass keine deiner Facetten jemals zu viel ist, und lädt dich ein, dich auch der wilden, wütenden und tobenden Seite deiner Weiblichkeit zu öffnen. Medusa übergibt dir die Schlüssel zu deinem wahren, komplexen und ungezähmten Selbst. Durch ihr Portal der heiligen Wut gelangst du zu Ganzheit und einer nie dagewesenen Wachheit und Lebendigkeit.

Deine Wut ist ein wertvoller Teil von dir und führt dich in deine vitale, pulsierende weibliche Kraft. Denn sie schützt dich z. B. vor Übergriffen und lässt dich für Gerechtigkeit und deine Werte einstehen. Lasse dich nicht länger von deinen eigenen und den Erwartungen anderer versteinern! Medusa flüstert dir heute zu: »Zeige mir alles von dir. Ich habe keine Angst vor deiner Stärke, deinem rasenden Zorn und deinem Schmerz. Zeige mir deine heilige Wut! Ich verwandle sie in einen Vulkan deiner Schöpferinnenkraft.«

Affirmation

»Ich umarme meine Wut,
denn sie ist ein wertvoller Teil von mir.«

Journaling-Übung

In welchen Situationen unterdrückst du deine Wut, weil du gelernt hast, dass sie sich nicht gehört? Respektiere sie, und notiere dir, wenn du sie spürst: Wodurch wurde sie ausgelöst? Wie fühlt sie sich an? Wie sieht sie aus? Was verrät sie dir über deine Werte?

Ätherisches Öl

Die **Myrrhe** unterstützt dich dabei, konstruktiv mit deiner Wut umzugehen.

Kristall

Der grüne **Peridot** ermöglicht es dir, starken Gefühlen wie Wut offen und respektvoll zu begegnen. Er hilft dir dabei, das Warum hinter der Emotion zu erkennen und zeigt dir einen ganz neuen Zugang zu deiner facettenreichen Persönlichkeit.

MEERJUNGFRAU
Klarheit

Bedeutung der Karte

Wenn die sinnliche Meerjungfrau in dein Leben gleitet, steht dir ein Prozess der Reinigung und des Neubeginns bevor. Sie beherrscht das Wasser und bewegt sich frei, schwerelos und sicher durch dieses durchweg weibliche Element. Dabei bleibt sie stets unabhängig und selbstbestimmt.

Die Meerjungfrau erinnert dich heute an deine heilsame Verbundenheit mit dem Element Wasser. Es ist stark und sanft zugleich und sorgt so für langsame, aber beständige Veränderung. Lade diese klärende und erfrischende Energie jetzt in dein Leben ein, und richte deinen Lebenskompass in Klarheit und Liebe aus! Die Meerjungfrau hilft dir dabei, den Durchblick zu bewahren und zu entscheiden, wohin die Reise deines Lebens gehen soll.

Affirmation

»Klarheit ist mein Kompass.
Ich weiß, wo es langgeht.«

Visualisierung

Schließe die Augen, und male dir aus, wie die Meerjungfrau wendig und flink durch das Wasser gleitet. Mit Leichtigkeit bewegt sie die Wassermassen, um an ihr Ziel zu gelangen. Stelle dir vor, wie du selbst zur Wassernixe wirst. Fokussiere dich auf dein Ziel, und nimm wahr, wie mühelos du es erreichst. Wenn du dir im Klaren darüber bist, wohin du willst, weißt du auch, welche Richtung du dafür einschlagen musst. Lasse das Gefühl der Klarheit in dir aufsteigen. Öffne dann deine Augen, und nimm es mit ins Hier und Jetzt.

Journaling-Übung

Wo willst du in deinem Leben wirklich hin? Was möchtest du erreichen? Was musst du tun, damit du am Ende deines Lebens glücklich und stolz darauf zurückblicken kannst? Richte deinen Kompass jetzt in Klarheit aus.

Ätherisches Öl

Der Duft der **Zitrone** erfrischt und klärt deinen Geist. Ihre kühlende Wirkung hat einen reinigenden, befreienden und erhebenden Effekt und hilft dir dabei, deine Gedanken neu auszurichten.

Kristall

Der **Aquamarin** fördert den Weitblick, die Klarheit und den harmonischen Fluss mit dem Leben. Er bringt Licht in die Dunkelheit und ist dein Kompass im Strom des Lebens.

MUSEN
Inspiration

Bedeutung der Karte

Die Musen sind die Schutzgöttinnen der Kunst und der immerwährenden Inspiration. Jede dieser einzigartigen Frauen verkörpert einen bestimmten kreativen Bereich. Klio ist die Muse der Geschichtsschreibung, Melpomene die Muse des Schauspiels, insbesondere der Tragödie. Terpsichore wird der Tanz zugeschrieben, während Thalia die Personifikation der Komödie ist. Des Weiteren symbolisieren Euterpe die Lyrik und das Flötenspiel, Erato die Liebesdichtung, Urania die Astronomie und Polyhymnia den Gesang. Kalliope steht für die epische Dichtung, Rhetorik, Philosophie und Wissenschaft. Die Musen küssen heute die Inspiration und Schöpfungskraft in dir wach.

Affirmation

»Ich bin erfüllt von kreativer Energie
und ziehe neue Ideen magnetisch an.«

Visualisierung

Schließe deine Augen, und stelle dir vor, wie die Musen auf einer Wiese unter einem sternenklaren Nachthimmel ihrer Kunst nachgehen. Du entdeckst eine Bühne, zahlreiche Leinwände, Teleskope, mit unterschiedlichen Farben befüllte Töpfe, Bücherstapel und verschiedene

Musikinstrumente. Alle neun Musen sind völlig in ihrem Schöpfungsprozess versunken, innig verbunden mit der niemals versiegenden Quelle der Inspiration. Als sie dich bemerken, laden sie dich in ihre Mitte ein und zeigen dir ihre Kunstwerke. Spüre, wie auch du von Inspiration durchflutet wirst. Dann frage dich: »Was ist mein nächstes kreatives Projekt?« Erinnere dich: Du selbst bist eine Muse – deine ganz eigene Muse. Nimm deine Antwort mit ins Hier und Jetzt, und öffne deine Augen.

Journaling-Übung

Anstatt in einem erfolgreichen Menschen eine Konkurrenz zu sehen, erwähle ihn zu deiner personifizierten Muse. Wer beeindruckt, begeistert oder inspiriert dich gerade besonders? Alles, was du an dieser Person bewunderst, ist bereits ein Teil von dir. Lasse zu, dass die neun Musen diese Aspekte in dir wach küssen.

Ätherisches Öl

Die **Orange** ist die Stimmungsaufhellerin unter den ätherischen Ölen und erinnert dich an die unendliche Inspiration durch das Leben selbst.

Kristall

Der schimmernde, mystische **Labradorit** ist ein Kaleidoskop der Möglichkeiten. Mit ihm bringst du das magische Polarlicht und pure Inspiration in deine vier Wände und kannst dich ganz leicht mit den Musen verbinden.

OSHUN

Süße des Lebens

Bedeutung der Karte

Oshun ist die erhabene Göttin der pulsierenden Lebendigkeit. Sie ist sinnlich, exotisch, anmutig und charmant. Oshun steht für die bedingungslose Liebe dem Leben gegenüber und bringt Fruchtbarkeit, Fülle und Freude in die Welt. Als Göttin des fließenden Wassers symbolisiert sie den Flow – einen Zustand der vollkommenen Präsenz und Freude. Der Legende nach wurde Oshun von Olodumare, dem höchsten Schöpfer der Yoruba (eines westafrikanischen Volkes aus Nigeria), ins Leben gerufen, als er nach der Erschaffung der Erde erkannte, dass ihr etwas Entscheidendes fehlte: die Süße des Lebens. Nach der Mythologie der Yoruba würde die Menschheit nicht existieren, wenn Oshun nicht in unsere Welt gesandt worden wäre. Denn jener wird nachgesagt, dass ihr süßes und fruchtbares Wasser den Menschen das Leben geschenkt hat. Ihr Begleittier, der Papagei, symbolisiert die Farbenvielfalt von Mutter Natur. Oshuns goldgelbes Kleid steht für den unendlichen Reichtum, den ihre Präsenz für dich bereithält.

Oshun erinnert dich heute daran, wie wichtig es ist, das Leben zu genießen. Du darfst dich jetzt wieder mit der Süße des Lebens verbinden.

Affirmation

»Ich genieße die süßen Seiten des Daseins
und lade den Flow in mein Leben ein.«

Journaling-Übung

Wodurch kannst du regelmäßig Freude und Genuss in dein Leben einladen? Bei welchen Tätigkeiten gelangst du in den Flow-Zustand? Integriere diese ganz bewusst in dein Leben.

Ätherisches Öl

Der erfrischende, belebende Duft der **Grapefruit** verleiht dir neue Motivation und Lebensfreude. Er versüßt dir den Tag und bringt Wärme und Fülle in dein Leben.

Kristall

Der goldgelbe **Bernstein** verbindet dich mit den Sonnenseiten des Daseins, schenkt dir pure Lebensfreude und lässt dich die Schönheit in allem erkennen.

OSTARA

Umsetzungskraft

Bedeutung der Karte

Ostara ist die Göttin des Frühlings und steht somit für das Wiedererwachen der Natur und den Beginn neuen Lebens, für Aufbruch und Wachstum. Nach ihr ist das Jahreskreisfest Ostara benannt, das zur Frühjahrs-Tagundnachtgleiche im März gefeiert wird. Als Göttin der Fruchtbarkeit bringt sie Licht, Wärme und Vitalität in die Welt. Ihre Energie ist unendlich kraftvoll und zugleich ganz leicht.

Ostara schenkt dir Klarheit, Motivation und Freude. Sie verleiht dir neue Lebensenergie und bringt dein inneres Feuer der Schaffenskraft zum Lodern. Der Frühling erwacht heute in dir! Du entdeckst Ostaras Energie der Umsetzungskraft als ganz natürlichen Teil von dir und kannst deine Ideen und Projekte nun voller Energie, mit Leichtigkeit und Umsicht verwirklichen.

Affirmation

»Ich bin voller Tatendrang
und setze meine Projekte entschlossen um.«

Journaling-Übung

Was befeuert deine Lebenskraft und deine Freude? Was willst du in deinem Leben wachsen sehen? Welche Projekte und Ideen möchtest du jetzt umsetzen?

Ätherisches Öl

Die **Limette** wirkt stimmungsaufhellend, aufrichtend und aktivierend. Ihr Duft vertreibt Müdigkeit und Antriebslosigkeit und schenkt dir neue Energie.

Kristall

Der **Smaragd** steht für die Essenz des Frühlings und symbolisiert neues Leben, Wachstum und Fruchtbarkeit. Wähle ihn zu deinem Begleiter, um deine Projekte jetzt zu verwirklichen.

PACHAMAMA

Naturverbundenheit

Bedeutung der Karte

Die Göttin Pachamama gilt in indigenen Völkern Südamerikas als die personifizierte Erdmutter. Sie ist die Schöpferin, Beschützerin und Bewahrerin der Natur und der Ursprung allen Lebens, des Wassers, der Erde, der Sonne, der Sterne und des Mondes. Diejenigen, die sie ehren, beschenkt sie großzügig und gütig.

Pachamama tritt heute in dein Leben, um dich an deine heilige Verantwortung zu erinnern, dich für Mutter Natur einzusetzen und zu überprüfen, wie du mit ihr umgehst. Es ist deine Pflicht, die Natur zu respektieren, sie zu ehren und zu schützen. Pachamama-Shakti wirkt durch dich, und du bist ein Teil von ihr. Die Göttin flüstert dir zu: »Komme nach Hause zu mir. Kehre zurück in das Land, in dem ewig süßer Nektar fließt, klare Bäche rauschen, die Luft frisch ist und die Schmetterlinge in allen Farben schillern. Hier leben Tiere, Pflanzen und Menschen in Harmonie miteinander. Erinnere dich, du schöne Seele, ich bin du, und du bist ich! Deine Herzensheimat ist hier an meiner Seite.«

Affirmation

»Ich achte und schütze die Natur,
denn ich bin ein Teil von Mutter Erde.«

Tipp

Engagiere dich durch Spenden oder Tierpatenschaften für den Arten- und Klimaschutz, und mache andere auf das Thema Naturschutz aufmerksam. Pflanze zu Ehren von Pachamama Bäume, lege eine Wildblumenwiese an, verwende weniger Plastik, und lege Strecken öfter zu Fuß zurück.

Journaling-Übung

Wie kannst du dich darüber hinaus mit der Weisheit von Mutter Erde verbinden und diese ehren? Wie kannst du Pachamama in dein Leben integrieren?

Ätherisches Öl

Jedes ätherische Öl ist ein Geschenk von Pachamama. Welchen Duft verbindest du mit Mutter Erde?

Kristall

Jeder natürliche Stein – auch ein Kieselstein – kann dich mit Pachamama verbinden, denn er ist ein wunderschöner, wertvoller Teil von ihr.

PELE

Aufbruch

Bedeutung der Karte

Wenn Pele in dein Leben tritt, ist eine Zeit des Aufbruchs gekommen. Sie ist die Göttin des Feuers und der Vulkane. Ihre Flammen transformieren alles Alte und schaffen Platz für Neues. Auf ihrer Heimatinsel Hawaii gilt sie nicht nur als Göttin der Zerstörung, sondern auch als Göttin der Schöpfung. Den Legenden nach schläft Pele in der Gestalt einer alten Frau. Wenn sie aus dem Schlaf erwacht und ihre Lavaströme Richtung Meer schickt, nimmt sie das Aussehen einer leidenschaftlichen, jungen und wunderschönen Frau mit wallender Mähne an.

Pele erinnert dich heute daran, dass du die Schöpferin deines Lebens bist. Sie ruft dir zu: »Wache auf! Du hast lang genug geschlafen. Erlaube dir nun, dein Feuer zu entfachen und deine unendliche Schaffenskraft zu entfalten! Gestalte dein Leben ab jetzt so, wie du es möchtest.« Lasse Stagnation und Passivität hinter dir, denn Zögern bringt dich nicht weiter. Die Zeit des Stillstands ist vorbei. Pele rüttelt dich wach und bringt dich dazu, in Bewegung zu kommen und deine wertvollen Visionen umzusetzen. Sie ist die kraftvolle Energie des Aufbruchs und der Umsetzungskraft in dir. Der Teil, der genau weiß, dass du zur Tat schreiten musst, um voranzukommen. Spüre das Feuer der Transformation, das schon lange in dir schwelt!

Affirmation

»Ich bin die Schöpferin meines Lebens
und transformiere, was mir nicht länger dient.«

Journaling-Übung

Wo hältst du dich aus Angst vor der unendlichen Kraft deiner Vision noch zurück? Was möchtest du in deinem Leben noch umsetzen? Wie möchtest du dein Dasein gestalten?

Ätherische Öle

Mit den Aromen von **Ingwer, Nelke, Zimt** und **Orange** kannst du dich mit Pele verbinden. Durch die würzigen und süßen Düfte erwacht ihr feuriges, göttliches Wesen in dir.

Kristall

Der **Lavastein** erdet dich und erhöht deine Energie. Er bringt dein inneres Feuer zum Lodern und zeigt dir, wofür du wirklich brennst.

PERSEPHONE

Neugier

Bedeutung der Karte

Als Königin der Unterwelt und Göttin des Frühlings symbolisiert Persephone das Leben und den Tod, Licht und Schatten. Sie vereint Gegensätze miteinander und ist die Brücke zwischen den Welten. Keine andere Göttin kann so tief in die Schatten der menschlichen Psyche eintauchen wie sie. Ihre kindliche Neugier ermöglicht es ihr, den Tod zu verstehen, ihm mutig zu begegnen und die Dunkelheit zu bezwingen. So erlangt sie Meisterschaft über die verborgenen Anteile der Seele und entwickelt ein tiefgehendes Verständnis für Gefühle, das Unbewusste, Erinnerungen, Traumata und Verhaltensmuster. Trotz all der Dunkelheit verliert sie niemals die Verbindung zu ihrer Kindlichkeit und der Liebe für die Existenz. Daher heißt sie mit dem wiederkehrenden Frühling, den sie selbst kreiert, das Leben und das Licht freudig willkommen.

Persephone erinnert dich heute daran, stets neugierig zu bleiben und so für neue Sichtweisen und Ideen empfänglich zu sein. Sie zeigt dir, dass deine größten Ressourcen hinter deinen Schatten zu finden sind.

Affirmation

»Ich bin verbunden mit meiner kindlichen Neugier.
Es gibt so viel zu entdecken!«

Journaling-Übung

Was hilft dir dabei, deine Neugier wieder zu wecken? Wo blockierst du deine eigene Persönlichkeitsentwicklung, weil du vorschnell urteilst? Wie kannst du auch deinen Schattenanteilen interessiert und liebevoll begegnen und sie in dein Leben integrieren?

Ätherisches Öl

Persephones Attribut ist der Granatapfel. Ätherisches Öl aus **Granatapfelsamen** belebt durch seine antioxidativen und regenerativen Eigenschaften die Hautzellen. Pflege deinen Körper mit diesem wertvollen Öl, massiere es in deine Haut ein, und verbinde dich dadurch mit der Energie der Göttin.

Kristall

Der **Goldobsidian** hilft dir dabei, deine Schattenseiten zu erkunden. Er kann dich auch dabei unterstützen, Blockaden, Ängste und die Ursachen einer Depression oder von Traumata zu erforschen und zu lösen.

PRIESTERIN

Magie

Bedeutung der Karte

Die Priesterin erscheint in deinem Leben, wenn es für dich an der Zeit ist, die Magie in dein Dasein einzuladen und deine ganz eigenen übersinnlichen Fähigkeiten zu ergründen. Sie ist die Bewahrerin der alten Geschichten, Lehren und Traditionen und hütet das Wissen der großen Muttergöttin. Ihre Gabe ist die naturgegebene Hellsichtigkeit, die in jedem von uns zu finden ist. Im Einklang mit der Natur und dem Jahreskreis feiert sie ihre magischen und heilsamen Zeremonien, durch die sich die Pforten zur Energie der universellen, weiblichen Schöpferinnenkraft öffnen. Sie versteht es, sich selbst, ihre Gefühlswelt und ihre Erfahrungen in aller Tiefe zu erforschen und ihre Erkenntnisse mit anderen zu teilen. Denn sie weiß: Wer sich selbst versteht, begreift auch die Welt.

Die Priesterin erinnert dich heute daran, dass das magische Wissen der Priesterinnenschaft auch in dir zu finden ist – denn auch du bist eine Priesterin der großen Göttin. Sie ruft dich dazu auf, die Wunder und die Magie in dir und in der Welt bewusst wahrzunehmen. Wenn du diese Geschenke erkannt hast, darfst du sie mit anderen teilen und ihnen damit dienen. In Liebe und Achtsamkeit kannst du jetzt alte und neue Wege miteinander verbinden und das Licht der großen Göttin leuchten lassen.

Affirmation

»Ich bin die Priesterin meines Lebens
und vertraue auf meine einzigartige Magie.«

Journaling-Übung

Wie kannst du dich jetzt mit der Magie verbinden? Vielleicht durch einen Altarplatz, den du dir zu Hause errichtest und an dem du regelmäßig meditierst, oder, indem du einen Frauenkreis besuchst und dich mit anderen Priesterinnen zusammentust? Was kann dir noch dabei helfen, der Magie einen Platz in deinem Leben zu schenken?

Ätherisches Öl

Das Aroma des **Weißen Salbeis** klärt deine Umgebung und vermag es, dich mit der Magie deiner inneren Priesterin zu verbinden.

Kristall

Der **Bergkristall** in Form einer Kugel aktiviert und verstärkt deine Magie und ermöglicht es dir, diese in Klarheit zu erforschen.

ROSA PARKS

Soziale Verantwortung/Gerechtigkeit

Bedeutung der Karte

Rosa Parks war eine Pionierin der Gerechtigkeit und der Gleichberechtigung. Sie lebte zu einer Zeit, in der in den USA die Rassentrennung herrschte. Damals waren die vorderen Reihen der Busse für Weiße reserviert, die hinteren für Schwarze. Der mittlere Teil des Fahrzeugs blieb eine Grauzone, über deren Besetzung der Fahrer bestimmen konnte. Als Rosa Parks am 1. Dezember 1955 mit dem Bus fuhr, forderte der Busfahrer sie dazu auf, ihren Platz einem weißen Mann zu überlassen. Rosa weigerte sich und nahm bewusst in Kauf, dafür festgenommen zu werden. Doch anstatt sich davon entmutigen zu lassen, machte sie es sich zur Aufgabe, gegen die Rassentrennung zu protestieren, und wurde dabei unter anderem von Martin Luther King unterstützt. Sie erreichte ihr Ziel: Die Rassentrennung in ihrer Stadt wurde aufgehoben. Folglich wurde die Bewegung um Rosa Parks immer größer und trug dazu bei, dass die rassistische Diskriminierung im Jahr 1964 per Gesetz gänzlich verboten wurde.

Rosa Parks möchte dich heute daran erinnern, dass die Zeit gekommen ist, dich für das Wohl aller einzusetzen. Befasse dich dafür mit Themen wie »soziale Verantwortung« und »Gleichberechtigung«.

Affirmation

»Ich setze mich für Freiheit und Frieden ein und wirke zum Wohl aller Lebewesen.«

Journaling-Übung

Wo in deinem Leben kannst du deine einzigartige Kraft und deinen Sinn für Gerechtigkeit gerade besonders gut einbringen? Wie kannst du dich jetzt aktiv für mehr Fairness, Menschlichkeit und Frieden in deinem Umfeld starkmachen?

Ätherisches Öl

Der Duft der **Geranie** ist der Schlüssel zu einem liebenden Herzen. Sie fördert den Frieden in dir und damit eine bewusste Hinwendung zu Mitgefühl, Vertrauen und Gerechtigkeit.

Kristall

Der **Smaragd** verleiht dir Wachheit und schärft deinen Weitblick. Er inspiriert dich dazu, neue Möglichkeiten zu finden, mehr Fairness und Gerechtigkeit in diese Welt zu bringen.

SANTA MUERTE

Vergänglichkeit

Bedeutung der Karte

Santa Muerte ist die weibliche Personifikation des Todes. Sie kommt heute zu dir, um dich liebevoll daran zu erinnern, dass dieses Leben endlich ist. Die mexikanische Volksheilige lehrt dich, dass das Wissen um deine eigene Vergänglichkeit der Schlüssel zum Glück und damit zu einem aktiven Leben ist. Wirst du dir deiner eigenen Sterblichkeit bewusst, kannst du im Hier und Jetzt ein wacher und würdevoller Mensch sein. Wenn du es zulässt, kann Santa Muerte zu deiner größten spirituellen Lehrmeisterin für ein erfülltes Leben werden.

Dem Tod Raum in deinem Alltagsbewusstsein zu schenken, bedeutet auch, das Leben aus vollem Herzen zu bejahen. Santa Muerte möchte, dass du zufrieden darauf zurückblicken kannst, wenn es endet. Sie flüstert dir zu: »Genieße die süße Lebendigkeit! Sage deinen Liebsten jeden Tag, dass du sie liebst.« Deine Seele will sich in dieser Welt verwirklichen. Schiebe deine Träume nicht länger auf, und lasse sie leuchten! Das Leben ist jetzt.

Affirmation

»Ich lebe jeden Tag wie ein neues Leben.«

Journaling-Übung

Was möchtest du in diesem Leben noch erleben? Was von dem, was du getan oder nicht getan hast, würdest du bereuen, wenn du morgen sterben würdest? Welche Schritte kannst du gehen, um jetzt deine Wahrheit zu leben?

Ätherisches Öl

Die Altäre für Santa Muerte werden meist mit zahlreichen Blumen geschmückt, die für die Schönheit des Lebens stehen. Die duftende **Zistrose** erinnert dich daran, deine Zeit weise zu nutzen und deine Träume zu leben.

Kristall

Der schwarze **Onyx** schützt dich vor negativen Energien. So hilft er dir dabei, mehr Lebensfreude zu empfinden.

SARASWATI

Meisterschaft

Bedeutung der Karte

Saraswati ist die Göttin des Wissens, des Lernens, der Kunst und der Musik. Sie ist die Personifikation der vollendeten Weisheit und steht für die menschlichen Fähigkeiten, zu denken und Wichtiges von Unwichtigem zu unterscheiden. Die Göttin repräsentiert außerdem das Vermögen, vollkommen in einer Sache aufzugehen. Ihr Begleittier, der Schwan, symbolisiert die geistige Reinheit und zugleich die erhabene Fähigkeit, Prioritäten zu setzen.

Mit ihrer liebevollen Strenge erinnert dich Saraswati heute daran, dass in der Disziplin eine große Chance für dich liegt. Womöglich lässt du dich ablenken, wenn es herausfordernd wird, oder wendest dich einem anderen Thema zu, wenn es dir gerade schwerfällt, in die Tiefe zu gehen. Sie zeigt dir, dass du große Weisheit erlangen kannst, wenn du an einer Sache dranbleibst. Saraswati flüstert dir zu: »Tauche tiefer, und lasse nicht nach! Verschreibe dich dieser Sache, studiere und lerne sie ein Leben lang.« Sie aktiviert deine natürliche Unterscheidungsfähigkeit, damit du erkennst, was dich zu deiner Wahrheit führt, was dich von ihr entfernt und wie du dich spirituell noch weiter entfalten kannst.

Affirmation

»Ich lerne hingebungsvoll und konzentriert und werde zur Meisterin meines Fachs.«

Journaling-Übung

Welches Wissen ist wichtig für deine spirituelle Entwicklung und für deinen weiteren Lebensweg? In welchem Bereich möchtest du wahrhaftige Meisterschaft erlangen, und was kannst du tun, um dabeizubleiben?

Ätherisches Öl

Der **Rosmarin** stärkt dir den Rücken auf dem Weg zur wahren Meisterschaft.

Kristall

Der **Bergkristall** ist der optimale Wegbegleiter zur Meisterschaft, denn er unterstützt dich dabei, konzentriert zu lernen.

SELENE

Mondweisheit

Bedeutung der Karte

Die griechische Mondgöttin Selene tritt heute in dein Leben, um dich daran zu erinnern, dass du ein zyklisches Wesen und ein Teil der Natur bist. Es tut dir gut, im Einklang mit dieser zu leben. Wie der Mond darfst auch du dir Phasen der Sichtbarkeit und Zeiten des Rückzugs erlauben. Mehr noch: Du darfst dir gestatten, die Gezeiten des Lebens zu zelebrieren. Selene zeigt dir, wie viel Weisheit und Erkenntnis du durch die Verbindung mit dem Mond erlangen kannst, und, dass dein Leuchten immer da ist, auch wenn es nicht jederzeit sichtbar ist. Die Göttin des Mondes und der Sterne ermutigt dich dazu, die subtilen, fließenden Energien der Gezeiten bewusst wahrzunehmen und auch im herausfordernden Alltag auf die Bedürfnisse deines Körpers und deiner Seele zu hören. Sie lädt dich ein, dich mit den Mondphasen zu verbinden und deine Energie nach ihnen auszurichten, um dich ausgeglichener und entspannter zu fühlen. Selene lässt den Mond für dich leuchten und aktiviert deine naturgegebene Intuition und deine ursprüngliche Weisheit. Sie flüstert dir zu: »Alles zu seiner Zeit.« Erlaube dir, die Phasen des Leuchtens sowie die Phasen der Dunkelheit zu erfahren, zu erforschen und zu zelebrieren.

Affirmation

»Ich erlaube mir gleichermaßen
Phasen der Sichtbarkeit und des Rückzugs.«

Tipp

Lies Bücher und Blogbeiträge über Mondrituale. Manifestiere deine Wünsche bei Neumond, und lasse belastende Gedanken bewusst bei Vollmond los.

Journaling-Übung

Wann hast du dich das letzte Mal bewusst mit dem Licht des Mondes verbunden? Nimm dir die Zeit, diesen zu betrachten. Mache einen Spaziergang im Mondlicht, und erinnere dich währenddessen an deine innere Weisheit. Notiere anschließend, wie du dich dabei gefühlt und was du beobachtet hast.

Ätherisches Öl

Das Aroma von **Lavendel** verleiht dir vollkommene Entspannung. Im oft herausfordernden Alltag hilft es dir dabei, zur Ruhe zu kommen und zurück in deinen natürlichen Rhythmus zu finden.

Kristall

Der **Selenit** ist die kristalline Form der Mondmagie und bekannt für seine beruhigende, friedvolle und reinigende Energie.

SHAKTI

Energie

Bedeutung der Karte

Wenn sich dir die Göttin Shakti zeigt, beginnt deine Initiation. Sie ist die Dynamik in allem und die Lebensenergie in dir, mit der du in innigen Kontakt treten kannst. Wenn Shakti in dir erwacht, strömt ihre Energie vom Wurzelchakra durch deine Wirbelsäule bis in das Kronenchakra.

Shakti lädt dich heute dazu ein, dich mit ihrer Energie zu verbinden. Befasse dich dafür mit deinen Chakras (den sieben Energiewirbeln, die entlang der Wirbelsäule verlaufen), und stärke sie, damit die göttlich-weibliche Energie frei in dir fließen kann. Dann fühlst du dich lebendig, wach und kraftvoll, und deine Aura und dein ganzes Energiesystem erblühen.

Affirmation

»Ich bin verbunden mit der ewigen Quelle
meiner göttlich-weiblichen Energie.«

Chakra-Meditation mit Affirmationen

Begib dich in eine bequeme Sitzposition, schließe die Augen, und richte deine Aufmerksamkeit nacheinander auf die einzelnen Chakras. Visualisiere zunächst einen Energieball in der Farbe des jeweiligen Chakras, und stelle dir vor, dass er immer größer wird. Sprich dann die entsprechende Affirmation 3 Mal in Gedanken. Öffne schließlich die Augen, nimm wahr, wie du dich fühlst, und notiere deine Beobachtungen.

Wurzelchakra (am unteren Ende der Wirbelsäule): ROT
»Ich bin voller Vertrauen, Energie und Kraft. Ich fühle mich sicher, beschützt und geerdet. Mutter Erde sorgt für mich.«
Sakralchakra (unter dem Bauchnabel): ORANGE
»Ich liebe meinen Körper und erlaube mir, alle Gefühle zu empfinden.«
Solarplexuschakra (über dem Bauchnabel): GELB
»Ich habe die Kraft und den Willen, meine Ziele zu erreichen.«
Herzchakra (in der Mitte der Brust): GRÜN
»Ich bin die Quelle der Liebe und lasse mich von meinem Herzen leiten.«
Halschakra (am Kehlkopf): BLAU
»Ich kommuniziere effizient und klar. Ich kann meine Wahrheit frei äußern und werde gehört.«

Stirnchakra (zwischen den Augenbrauen): DUNKELBLAU
»Ich sehe klar, nehme meine Intention wahr und folge meiner Seelenvision.«
Kronenchakra (außerhalb des Körpers über dem Scheitelpunkt schwebend): VIOLETT
»Weisheit und Klarheit fließen jederzeit durch mich hindurch. Ich bin verbunden mit allen Lebewesen dieser Erde und mit meiner göttlich-weiblichen Kraft.«

Mantra

ADI SHAKTI, ADI SHAKTI, NAMO NAMO (Ehrerbietung der Shakti, der göttlich-weiblichen Energie)
Ich verbeuge mich vor der ursprünglichen Kraft.

Journaling-Übung

Welches Chakra braucht gerade besondere Aufmerksamkeit von dir? Spüre bewusst in dich hinein, während du die Meditation praktizierst. Notiere dir die Stelle oder die Stellen, wo du wenig Energie verspürst, und konzentriere dich während der nächsten Meditation auf jene.

Ätherisches Öl

Der **Lotos** ist das Symbol der Spiritualität. Ihr exotischer und sinnlicher Duft kann alle deine Chakras aktivieren und dich auf eine Reise durch deinen Körper führen, bis hin zum tausendblättrigen Lotos, der sich über deinem Kopf befindet und dich mit dem ganzen Universum verbindet.

Kristall

Der **Angel-Aura-Heilstein** schimmert in allen Farbnuancen. Dieser kraftvolle, magische Stein wirkt somit auf alle Chakras und kann dein gesamtes Energiesystem aktivieren und harmonisieren.

SIGE
Stille

Bedeutung der Karte

Sige ist die gnostische Ursprungsgöttin, der Anfang aller Dinge und die Essenz der Stille, aus der die gesamte Schöpfung entstanden ist. Sie verkörpert das intuitive Wissen, das hinter der geräuschvollen Welt der Erwartungen verborgen ist.

Sige erinnert dich heute daran, dass Erwartungslosigkeit eine Kreation aus der Essenz der Stille ist. Sie lehrt dich, dass sich deine Wurzeln in der lautlosen Leere des Universums befinden und dass es essenziell für deinen Seelenfrieden ist, dich regelmäßig mit der Stille zu verbinden. Worte können Dualität kreieren, Stille ist Verbundenheit. Sige hilft dir dabei, deine Essenz, dein wahres Selbst in der Ruhe wiederzufinden. Immer, wenn du drohst in der lärmenden Hektik des Alltags verloren zu gehen, ist sie zur Stelle. Sie beruhigt dich mit einem sanften »Schhhh«. Entschleunige, halte inne, mache eine Pause, werde still, und finde zu deiner ursprünglichen Kraft zurück.

Affirmation

»Schhhh … In der Stille höre ich.
In der Entspannung fühle ich. Im Nichts kreiere ich.
In der Leere empfange ich.«

Stille-Meditation

Setze dich bequem hin, und schließe die Augen. Fokussiere dich ganz auf deinen Atem. Jedes Gefühl und jeder Gedanke darf einfach sein. Bewerte sie nicht. Konzentriere dich nun auf den Moment, den kleinen Raum der Stille, der zwischen zwei Gedanken entsteht, und lasse ihn wirken. Dort bist du mit Sige verbunden. Nimm wahr, wie dieser Moment mit jedem Mal länger wird. Öffne dann die Augen, und komme wieder ins Hier und Jetzt. Führe die Meditation regelmäßig durch, und erkenne, wie dieser stille Moment von Mal zu Mal tiefer und inniger wird.

Journaling-Übung

Wie oft erlaubst du dir in deinem Alltag Augenblicke der Stille? Wann und wie kannst du sie noch häufiger in dein Leben integrieren?

Ätherisches Öl

Der Duft von **Sandelholz** führt dich in die heilsame Stille, direkt in die Arme von Sige.

Kristall

Der **Amethyst** steht für tiefe Ruhe und Konzentration. Er ermöglicht es dir, schneller vom Alltagsgeschehen abzuschalten, und führt dich liebevoll in die Entspannung.

SPIEGELKARTE
Joker

Bedeutung der Karte

Der Joker ruft dich heute dazu auf, deine Masken und Identifizierungen zu hinterfragen. Der große Unterschied zwischen der westlichen Auffassung von Identität und dem yogischen Verständnis liegt an dem westlichen Glauben, jemand sein zu müssen. Wir zelebrieren das Ich und definieren uns über unseren Beruf, unseren Kontostand, unsere Beziehungen, unser Gewicht, unser Aussehen oder unsere erworbenen Zertifikate. Die yogische Idee von innerer Freiheit und wahrem Glück ist dagegen darin begründet, »ein Niemand« zu sein. Die Yoga-Philosophie besagt, dass wir uns unter der Herrschaft unserer Gedanken befinden. Das Ego kommuniziert über die Gedanken mit uns und treibt uns regelrecht dazu an, immer mehr leisten und uns immer besser darstellen zu müssen. Wir identifizieren uns mit den Rollen, die wir im Leben einnehmen, und kommen so selten ganz im Hier und Jetzt an.

Es ist an der Zeit, dir die wohl wichtigste und spannendste aller Fragen zu stellen: »Wer bin ich?« Dieser Weg der Selbsterforschung ist essenziell, um zu verstehen: Du bist nicht deine Gedanken und Gefühle, sondern das Wesen, das diese Gedanken und Gefühle hat. Du bist reines Bewusstsein. Erst wenn du dich aus allen Identifikationen löst und alle Masken fallen lässt, erfährst du wahre Glückseligkeit und Freude.

Affirmation

»Meine wahre Natur ist Freude.«

Übung

Stelle dich vor den Spiegel, betrachte dich, und nimm wahr, welche Gedanken dabei auftauchen. Frage dich: »Wer bin ich, wenn ich nicht meine Gedanken bin? Wer bin ich, wenn ich nicht mein Körper oder mein Aussehen, mein Alter oder mein Beruf bin?« Lasse die Antworten aus deinem Inneren aufsteigen, und notiere sie. Integriere diese Übung in deine spirituelle Praxis, sodass sie zu einem andauernden, befreienden Prozess wird.

Mantra

SAT CHIT ANANDA

Dieses Mantra erinnert dich an deine wahre Natur. **Sat** bedeutet Sein, **Chit** steht für das Bewusstsein, und **Ananda** heißt Glückseligkeit.

Journaling-Übung

Notiere alle Rollen, die du in diesem Leben einnimmst, ohne dabei zu werten: Mutter, Tochter, Schwester, Freundin, Angestellte, Selbstständige, Lehrerin ... und dann frage dich: Wer bist du, wenn du all diese Rollenbilder für einen Moment ablegst? Was würdest du tun wenn du für einen Augenblick niemand sein musst? Erlaube dir dieses Gedankenspiel regelmäßig, um dich frei und mit deiner Seelenessenz verbunden zu fühlen.

THE FUSION GODDESS
Einzigartigkeit

Bedeutung der Karte
The Fusion Goddess verkörpert dich – das individuelle Prinzip, das es nur einmal auf diesem Planeten gibt. In dir vereinen sich alle Shaktis, alle göttlich-weiblichen Energien des Universums in einer unvergleichlichen Kombination und wirken durch dich. Deine Ideen und Visionen sind einzigartig und unentbehrlich. Du bist der Mensch gewordene Ausdruck des Göttlich-Weiblichen, und dir stehen die Attribute jeder Göttin zur Verfügung, um deine Seelenvision wahr werden zu lassen.
The Fusion Goddess überreicht dir heute das Elixier der Einzigartigkeit. Es erinnert dich daran, dass deine Sicht der Dinge und deine einzigartigen Erfahrungswerte in dieser Welt benötigt werden. Über deine Schatten, dein Licht, deine Schwächen, deine Stärken und deine Talente verbindest du dich mit deinem Wesen. Du kannst das Kollektiv nur dann voranbringen, wenn du ganz du selbst bist. Das ist deine heilige Aufgabe. Nur so finden dich die Menschen, die deine Unterstützung brauchen. Die Erkenntnis, dass wir alle unterschiedlich sind, gibt dir die Freiheit, dein Leben ganz nach deinen eigenen Vorstellungen zu gestalten. Wenn du ganz du selbst bist, erkennst du deinen Weg und deine Seelenvision und musst keine Konkurrenz fürchten. Denn niemand ist wie du. Feiere deine Einzigartigkeit, und lebe sie! Erobere

deine spirituellen und kreativen Gaben zurück, und kreiere mit ihnen Wunder für dich und für andere. Deine Entscheidung, voranzugehen und deine einzigartigen Talente zu feiern, wird andere Frauen dazu inspirieren, es dir gleichzutun.

Affirmation

»Meine Einzigartigkeit ist der Schlüssel
zu einem erfüllten Leben.«

Journaling-Übung

Was sind deine unverwechselbaren Talente und Fähigkeiten? Wie kannst du deine Einzigartigkeit voll und ganz leben?

Räucherwerk

Segne deine Fusion Goddess, indem du **Palo Santo** verräucherst. Hülle dich in den sanften, erdenden Nebel dieser nährenden Pflanzenseele ein, und zelebriere und beschütze deine Einzigartigkeit.

Kristall

Jeder Kristall kann dich dabei unterstützen, deine Einzigartigkeit zu umarmen. Wenn du möchtest, trage ein Schmuckstück mit einem von dir ausgewählten Heilstein bei dir. Dieser ist ein symbolischer Anker, der dich jeden Tag an den Wert deiner Individualität erinnert.

DANKSAGUNG

Ich bedanke mich von Herzen bei meiner Mama und Muse Astrid Rosina, bei meiner Tochter und meinem größten Guru Maya Rosina und bei meinem wundervollen Ehemann Mark. Ein großer Dank geht auch an meine Freundin Katrin für ihre hingebungsvolle Unterstützung bei der Erschaffung dieses Kartensets.

Als ich Leas Kunstwerke zum ersten Mal sah, wusste ich, dass sie die Göttinnen und die Manifestationen von Shakti so darstellen kann, wie ich sie fühle. Ich wusste, dass sie die Richtige für diese Vision war. Leas Kunstwerke berühren unmittelbar einen Raum in uns, der frei ist von Leid und Schmerz. Sie berühren die Quelle unserer wirklichen Natur und erinnern uns an unser wahres, lichtvolles Potenzial und unsere Schöpferkraft.

ÜBER DIE AUTORIN

Kim Kassandra Schmid ist studierte Historikerin und Kunsthistorikerin (M.A.) und arbeitet als Yogalehrerin, Seminarleiterin und Business-Mentorin für spirituelle Unternehmer*innen. Bereits seit ihrer Kindheit ist Spiritualität ein wichtiger Teil ihres Lebens. Seit ihrem 14. Lebensjahr beschäftigt sie sich mit den Themen »Gesundheit«, »Körperbewusstsein« und »Bewegungskunst« und ließ sich während ihres Studiums zur Pilateslehrerin und anschließend zur Yogalehrerin ausbilden. Gemeinsam mit ihrem Ehemann Mark Schmid gründete sie die Marke Yogimobil® und etablierte sie erfolgreich am Markt. Ihr fundiertes Wissen und ihre langjährige Erfahrung gibt sie von Herzen gern weiter und erinnert Menschen so auf körperlicher, mentaler und spiritueller Ebene an ihr unerschöpfliches Potenzial.

www.yogimobil.de

ÜBER DIE KÜNSTLERIN

Lea Androić lebt in Kroatien und arbeitet als Künstlerin und Illustratorin. In ihren Kunstwerken verewigt sie selbstbewusste Frauenfiguren in zarten Farben. Ihre Inspiration erhält sie von den bezaubernden Frauen in ihrem Alltag und aus ihrem eigenen grenzenlosen Potenzial. Lea Androić inspiriert Frauen auf der ganzen Welt dazu, Kraft und Frieden in sich selbst zu finden.

Instagram: @leaandroicart

LITERATUR

Anodea, Judith: Eastern Body, Western Mind: Psychology and Chakra System as a Path to the Self. New York 2004.

Ashley-Farrand, Thomas: Shakti Mantras: Tapping into the Great Goddess Energy Within. New York 2003.

Baring, Anne; Cashford, Jules: The Myth of the Goddess: Evolution of an Image. London 1993.

Bolen, Jean Shinoda: Göttinnen in jeder Frau: Psychologie einer neuen Weiblichkeit. New York 2004.

Kempton, Sally: Awakening Shakti: The Transformative Power of the Goddesses of Yoga. Colorado 2013.

Kinsley, David R.: Tantric Visions of the Divine Feminine: The Ten Mahavidyas. University of California 1998.

Lozano, Luis-Martín; Kettenmann, Andrea: Frida Kahlo: Sämtliche Gemälde. Köln 2021.

Mookerjee, Ajit: Kali: The Feminine Force. New York 1988.

Naydler, Jeremy: Temple of the Cosmos: The Ancient Egyptian Experience of the Sacred. Rochester 1996.

De Montalembert, Catherine: Für immer Coco: Facetten einer Ikone. München 2012.

Degler, Teri: Shakti und Sophia: Das Geheimnis des Göttlich-Weiblichen. Grafing 2012.

Stone, Merlin: When God was a woman. New York 1978.

Schlögl, Hermann A.: Das Alte Ägypten: Geschichte und Kultur von der Frühzeit bis zu Kleopatra. München 2006.

Theoharris, Jeanne: The Rebellious Life of Mrs. Rosa Parks. Boston 2015.

Tripp, Edward: Reclams Lexikon der antiken Mythologie. Stuttgart 2001.

Willson, Martin: In Praise of Tara: Songs to the Saviouress. Somerville 1992.